HUNDE RASSEN

GESCHICHTE • BILDER • FAKTEN

HUNDE RASSEN

GESCHICHTE • BILDER • FAKTEN

BRYAN RICHARD

p

Entwurf und Realisation: Atlantic Publishing

Detaillierter Fotonachweis siehe S. 256

Parragon Books Ltd
Queen Street House
4 Queen Street
Bath BA1 1HE, UK

Übersetzung aus dem Englischen: Lisa Heilig, Köln
Lektorat: Ulrike Reinen, Köln
Koordination: trans texas GmbH, Köln

ISBN 978-1-4054-8265-3

Printed in China

INHALT

Einleitung 12

HIRTEN- UND HÜTEHUNDE

Riesenschnauzer 28
Bouvier des Flandres 30
Australian Cattle Dog 32
Lancashire Heeler 33
Cardigan Welsh Corgi 34
Pembroke Welsh Corgi 35
Deutscher Schäferhund 36
Groenendael 38
Laekenois 39
Malinois 40
Tervueren 42
Australischer Schäferhund 43
Rough Collie 44
Shetland Sheepdog 46
Border Collie 48
Bearded Collie 49
Old English Sheepdog 50
Briard 51
Bergamasker 52
Puli 54
Beauceron 55

GEBRAUCHSHUNDE

Mastiff	58
Bullmastiff	59
Mastino Napoletano	60
Fila Brasileiro	62
Deutsche Dogge	63
Dobermann	64
Rottweiler	66
Bordeauxdogge	67
English Bulldog	68
American Bulldog	70
Boxer	71
Tosa Inu	72
Shar Pei	74
Komondor	76
Anatolischer Hirtenhund	77
Kuvasz	78
Großer Schweizer Sennenhund	80
Pyrenäen-Berghund	82
Berner Sennenhund	83
St. Bernhardshund	84
Neufundländer	86
Do Khyi	88
Alaskan Malamute	89
Siberian Husky	90
Kanadischer Eskimohund	92
Amerikanischer Eskimohund	93
Norwegischer Elchhund	94
Finnenspitz	95
Schwedischer Lapphund	96
Samojede	98
Norwegischer Lundehund	99
Mittelspitz	100
Chow-Chow	101
Japan-Spitz	102
Akita	103

JAGDHUNDE, LAUF- UND WINDHUNDE

Deutsch-Kurzhaar 106
Deutsch-Drahthaar 108
Weimaraner 110
Großer Münsterländer 111
Epagneul Breton 112
English Setter 114
Gordon Setter 115
Irish Setter 116
English Pointer 118
American Cocker Spaniel 120
English Cocker Spaniel 122
Field Spaniel 123
English Springer Spaniel 124
Welsh Springer Spaniel 126
Clumber Spaniel 127
Irish Water Spaniel 128
Portugiesischer Wasserhund 129
Pudel 130
Golden Retriever 132
Flat-coated Retriever 134
Chesapeake Bay Retriever 135
Labrador Retriever 136
Curly-coated Retriever 138
Nova Scotia Duck-Tolling Retriever 140

JAGDHUNDE, LAUF- UND WINDHUNDE

Rhodesian Ridgeback 141
Dalmatiner 142
Bluthund/Bloodhound 144
Otterhound/Otterhund 146
English Foxhound 147
American Foxhound 148
Catahoula Leopard Dog 150
Harrier 152
Basset Hound 153
Beagle 154
Dachshund/Dackel 156
Afghanischer Windhund 157
Barsoi 158
Saluki 159
Scottish Deerhound 160
Irischer Wolfshund 162
Lurcher 164
Canaan Dog 165
Podenco Ibicenco 166
Greyhound 168
Basenji 170
Pharaonenhund 171
Whippet 172
Italienisches Windspiel 174
Sloughi 175

TERRIER, PINSCHER UND SCHNAUZER

Affenpinscher 178
Deutscher Pinscher 179
Zwergpinscher 180
Schnauzer 182
Zwergschnauzer 183
American Pit Bull Terrier 184
English Bull Terrier 186
Staffordshire Bull Terrier 188
Patterdale Terrier 189
Airedale Terrier 190
Soft-coated Wheaten Terrier 192
Kerry Blue Terrier 193
Lakeland Terrier 194
Welsh Terrier 195
Foxterrier (glatt- oder drahthaarig) 196
Bedlington Terrier 198
Irish Terrier 199
Border Terrier 200
Glen of Imaal Terrier 202
Manchester Terrier 203
Parson Jack Russell Terrier 204
Australian Terrier 206
Norfolk Terrier 207
Cairn Terrier 208
Norwich Terrier 210
Dandie Dinmont Terrier 211
West Highland White Terrier 212
Scottish Terrier 214
Rat Terrier 216
Australian Silky Terrier 217
Yorkshire Terrier 218

SCHOSS- UND BEGLEITHUNDE

Wolfspitz/Keeshond 222
Zwergspitz/Pomeranian 224
Bichon frisé 225
Bologneser 226
Coton de Tuléar 227
Malteser 228
Löwchen 230
Toy Pudel 231
Zwergpudel 232
Griffon 234
Chinesischer Schopfhund 235
American Hairless Terrier 236
Mexikanischer Nackthund 237
Lhasa Apso 238
Shih Tzu 240
Tibet-Spaniel 242
Tibet-Terrier 243
Chihuahua 244
Cavalier King Charles Spaniel 246
Japan-Chin 247
Pekinese 248
Französische Bulldogge 250
Mops (Pug) 251
Boston Terrier 252

Register 254
Bildnachweis und Danksagung 256

EINLEITUNG

Die in diesem Buch vorgestellten Hunderassen sind in folgende Gruppen eingeteilt: Hirten- und Hütehunde; Gebrauchshunde; Jagdhunde, Lauf- und Windhunde; Terrier, Pinscher und Schnauzer; Schoß- und Begleithunde. Es soll Ihnen eine Hilfe bei der Bestimmung der geläufigsten, aber auch ungewöhnlicheren Hunderassen sein und Sie über Ursprung und Geschichte der Rasse, ihre Bedürfnisse und typischen Wesenszüge informieren. Jede Rasse wird zudem in einem kurzen Steckbrief mit den wichtigsten Daten wie Durchschnittsgröße und -gewicht und einer kurzen Beschreibung ihrer äußeren Erscheinung vorgestellt.

Die Ursprünge des Haushundes

Der Haushund ist ein Fleisch fressender Säuger, der wie auch Wildhunde und Füchse zur Familie der Caniden (Canidae) gehört. Innerhalb dieser Familie zählt er neben den Kojoten, Schakalen und Wölfen zur Gattung der Canis. Zudem wird der Haushund ungeachtet der großen Vielfalt seiner Erscheinungsformen, von denen mehrere hundert als Rassen anerkannt sind, als eine einzige Spezies behandelt: *Canis familiaris*, Nachfahre des Grauwolfes – auch wenn einige Fachleute den Hund als Nebenspezies oder dieselbe Spezies wie den Grauwolf einstufen, nur eben als domestizierte Variante. Möglich, vielleicht sogar wahrscheinlich ist aber, dass sich die Vorfahren der verschiedenen Hunderassen unabhängig voneinander aus Unterarten des Grauwolfes entwickelt haben, darunter der Sibirische Waldwolf, der Tundrawolf, der Arabische Wolf, der Indische Wolf, der Mongolische Wolf und der Asiatische Wüstenwolf. Ebenfalls wahrscheinlich ist, dass sich Haushunde während ihrer Entwicklung immer wieder mit ihren wild lebenden Vorfahren gekreuzt und so zu einer weiteren Diversifizierung der Rassen beigetragen haben. In der Tat ist der Hund in Größe, Gestalt und Anlagen vielfältiger entwickelt als jede andere Spezies. Der Mensch aber hatte zweifelsohne den größten Einfluss auf die Geschichte des Haushundes. Natürlich hat der Hund umgekehrt auch die des Menschen in nicht geringem Umfang beeinflusst.

Die Domestizierung

Wann die Partnerschaft zwischen Mensch und Hund – oder Mensch und Wolf – begann, ist nicht genau zu ermitteln, aber mit einiger Sicherheit war der Hund das erste Tier, das domestiziert wurde, und archäologische Funde – wie Höhlenmalereien, Fossilien und Ausgrabungen der Überreste von Mensch und Hund in unmittelbarer Nähe – belegen, dass sich der Mensch bereits seit mindestens 125 000 bis 150 000 Jahren, wahrscheinlich aber noch viel länger, für den Hund interessiert. Die Ergebnisse neuester archäologischer und genetischer Studien siedeln die Trennung der Entwicklung von Hund und Wolf vor etwa 15 000 bis 135 000 Jahren an und weisen in einigen Punkten auf einen gemeinsamen Genpool und ein gemeinsames Domestizierungsereignis hin. Heute wird aber überwiegend angenommen, dass sich die Trennung zwischen Wolf und Hund wahrscheinlich vor ungefähr 15 000 bis 20 000 Jahren vollzog, also während des Jungpaläolithikums, und die Domestizierung über ein großes Gebiet hinweg an verschiedenen Orten stattfand.

Da es sich bei der Domestizierung des Hundes um ein prähistorisches Ereignis handelt, ist man bis zu einem gewissen Grad auf Spekulationen angewiesen, um sie zu verstehen. Aber in Verbindung mit wissenschaftlichen Belegen,

die darauf hinweisen, dass Mensch und Wolf über tausende von Jahren Seite an Seite lebten, ist es nicht schwierig, sich vorzustellen, wie es dazu kam. Bis zum Jungpaläolithikum und zu Beginn der Eisschmelze nach der letzten Eiszeit waren sowohl Mensch als auch Wolf nomadisch lebende Jäger, die der saisonalen Wanderung großer Tierherden folgten, und es ist anzunehmen, dass Wölfe um die menschlichen Lagerplätze streiften, um nach leichter Beute Ausschau zu halten. Damit hielten sie zugleich Aasfresser und Ungeziefer auf Distanz – was den Anfang einer Beziehung in beiderseitigem Interesse nahe legte. Als der Mensch gegen Ende der letzten Eiszeit zunehmend sesshaft wurde, hatte er den Wert des Wolfes als Verbündeten vermutlich schon erkannt. Die ersten Schritte der Einbindung des Wolfes in die menschliche Gemeinschaft und umgekehrt der Akzeptanz des Menschen durch den Wolf waren bereits getan.

Beide lebten in relativ kleinen sozialen Gefügen, die von einer kameradschaftlichen Hierarchie geprägt waren und den Erfolg gemeinschaftlicher Aufgaben wie Jagd, Pflege und Betreuung des Nachwuchses und damit das Überleben der Gruppe sicherstellten. Diese Ähnlichkeit natürlicher sozialer Muster und anderer Verhaltensweisen von Mensch und Wolf, gepaart mit der bereits bestehenden gegenseitigen Akzeptanz, förderte und sicherte zweifellos die erfolgreiche Domestizierung. Der Mensch sah sich nach der letzten Eiszeit mit den Herausforderungen eines sesshaften Lebens konfrontiert. Dabei kamen ihm die instinktiven Verhaltensweisen des Wolfes wie Loyalität, Revierverteidigung, Jagd- und Hüteverhalten zugute, die vielleicht sogar unschätzbar wichtig für sein Überleben waren.

Die Entwicklung des Hundes

In der Jungsteinzeit gelang es dem Menschen, Kulturformen aus verschiedenen Wildgetreidearten wie Reis, Weizen und Gerste zu züchten, ebenso wie die Vorgänger mehrerer heute als Vieh geltender Tiere, vom Rentier bis zum Schwein, Schaf und Rind. Damit legte er den Grundstock für eine gefestigtere landwirtschaftliche Existenz. Dennoch blieb die Jagd ein wichtiges Mittel zur Nahrungsbeschaffung und erhielt auch eine neue bedeutende Funktion: den Schutz von Ackerfrucht und Vieh vor dem Zugriff wilder Tiere. Die Entwicklung von Pfeil und Bogen ließ vor allem dem Hund eine neue Rolle zukommen: das Aufstöbern und Ansagen von Wild. Getreide und Vieh mussten unter Umständen auch vor Nachbarn und Nomadenstämmen geschützt werden, ebenso wie Haus und Besitztümer, und in dem Maße wie der Mensch eine neue Lebensweise annahm, fand er durch das Bündnis mit dem Hund Unterstützung. Die neuen Interessen des Menschen brachten dem Hund, der nun fest in die menschliche Gemeinschaft eingebunden war, neue Aufgaben. Archäologische Funde, die deutliche Unterschiede in Größe und Körperbau von Hunden feststellten, legen nahe, dass der Mensch bereits vor 9000 bis 10000 Jahren mit der selektiven Züchtung begann und Hunde mit bestimmten Eigenschaften für bestimmte Aufgaben auswählte.

So wie sich die Beziehung zwischen Mensch und Hund entwickelte und der Wert des Hundes für den Menschen immer deutlicher wurde, wuchs zweifelsohne auch die Zuneigung zu den Vierbeinern und verstärkte die Bindung noch. Auch als der Mensch immer „zivilisierter" wurde, war man sich der Abstammung des Hundes von einem wilden Tier und der Instinkte bewusst, die den Hund zwar zu einem nützlichen Begleiter machten, aber auch Aggressionspotenzial bargen. Insbesondere ausgewilderte Hunde, die ein halb wildes Leben führten, waren gefürchtet. In einigen Kulturen, auch in solchen, in denen Hunde verehrt und aus vielen Gründen geschätzt wurden, war es nicht unüblich, sie zu verspeisen.

Bei den Römern erfüllten Hunde schon viele der Aufgaben, die sie auch heute noch wahrnehmen, etwa als Jagd-, Hüte-, Wach- und Begleithund. Einige Hundetypen konnten sich etablieren, deren frühe Formen an unterschiedlichen Orten sehr wahrscheinlich aus verschiedenen Stämmen hervorgingen und die selektiv gezüchtet wurden, um bestimmte Fähigkeiten für spezielle Aufgaben unter oftmals ganz besonderen Bedingungen zu verstärken. So wird beispielsweise angenommen, dass die langschnauzigen, leichten und schnellen Windhunde wie der Saluki, die in den Wüsten des Nahen Ostens für die Sichtjagd eingesetzt wurden, vom Arabischen Wolf, *Canis lupus arabis*, abstammen, während die großen, kräftigen Mastifftypen, bei den Römern als Molosser bekannt, die ursprünglich als Wach- und Kriegshunde gebraucht wurden, auf den aus dem Himalaja stammenden Mongolischen Wolf, *Canis lupus chanco*, zurückgehen. Die Römer waren auch die Ersten, die internationalen Hundehandel betrieben. So brachten sie verschiedene Typen zusammen und verbreiteten sie auch über ihr Reich hinaus, wo sich durch selektive Züchtung wiederum neue Rassen entwickelten. Doch die extreme morphologische Vielfalt der heutigen Haushunde und die große Zahl anerkannter Rassen ist eine relativ junge Entwicklung in der gemeinsamen Geschichte von Mensch und Hund.

Der Hund heute

So wie sich Zivilisation und Technologien ausbreiteten und entwickelten und sich menschliche Bedürfnisse und Aktivitäten veränderten, so wurde auch die Rolle des Hundes neu definiert. Viele Rassen wurden immer spezialisierter, von Terriern, die Ungeziefer töten oder in enge Tierbaue eindringen sollten, über Laufhunde, die für die Spürjagd über lange Distanzen gezüchtet wurden, bis hin zu Mastiff- und Spitztypen, die man als Zughunde einsetzte, oder Jagdhunde, deren Aufgabe das Vorstehen, Stöbern und Apportieren sein sollte. So wurde ein Prozess steter Verfeinerung in Gang gesetzt, bei dem physische Eigenschaften und Wesenszüge unterschiedlicher Rassen kombiniert und Typen immer weiter untergliedert wurden, da der Mensch bestrebt war, Hunde für alle denkbaren Aufgaben zu perfektionieren.

Im 19. Jahrhundert existierten viele der heute anerkannten Hunderassen sicher schon, aber erst im späten 19. Jahrhundert begann man, sie in verschiedene Rassen und Gruppen einzuteilen. Dieser dramatische Wandel wurde durch die Gründung verschiedener Organisationen oder Kennel-Clubs stark gefördert, die Zuchtbücher führten, um die Stammbäume der Hunde festzuhalten,

besondere Rassestandards aufstellten und einen Rahmen für Ausstellungen und Wettbewerbe boten. So wie Fortschritt und Industrialisierung den Menschen zunehmend von der Natur entfremdeten und einige Aufgaben der Hunde mehr oder minder überflüssig machten, wuchs ihre Beliebtheit als Haustier und Begleiter. Manchen Menschen ermöglichten sie auch ländliche Hatz- und Verfolgungsjagden, während sich für andere an der Funktion des Hundes als Jäger, Hüter und Bewacher nichts Wesentliches geändert hat.

Hunderassen

Zwar mag es an die 800 verschiedene Rassen geben, jedoch „nur" etwa 300 sind offiziell und von den verschiedenen Hundezuchtorganisationen als reinrassig anerkannt. Die meisten Organisationen wie die Weltorganisation der Kynologie, die Fédération cynologique internationale (FCI), der British Kennel Club, der

American Kennel Club oder der United Kennel Club ordnen die Rassen ihren Aufgaben entsprechend, für die sie ursprünglich gezüchtet wurden, in Gruppen ein. Die Einteilung und Bezeichnung ist von Organisation zu Organisation verschieden: Einige bezeichnen die Jagdhunde beispielsweise als Sporthunde, andere unterscheiden zwischen mehreren Typen von Laufhunden oder ordnen Mastiffs, Spitze und andere Rassen wahlweise der Gruppe der Arbeits-, Gebrauchs- oder Begleithunde zu, wodurch sich recht heterogene Gruppen ergeben können. Uneinheitliche Zuordnungen sind oftmals auch das Resultat der von Land zu Land unterschiedlichen speziellen Funktionen einer Rasse. Auch die Zuchtkriterien der verschiedenen Autoritäten können voneinander abweichen, sei es bei der zulässigen Größe oder dem Gewicht, Varietäten in Fellbeschaffenheit, Farbe und Markierungen oder auch hinsichtlich des in Deutschland mittlerweile für alle Rassen verbotenen Kupierens von Rute und Ohren. (Bei ausschließlich zu Jagdzwecken gehaltenen Hunden darf weiterhin kupiert werden.)

Körperbau und Verhalten

Ungeachtet der zahlreichen Hunderassen und der unterschiedlichen Verfahren, durch die diese Vielfalt erzielt wurde, besitzt der Haushund in Körperbau, Instinkt und Verhalten noch viel Ähnlichkeit mit seinem Vorfahren, dem Grauwolf. Alle Hunde sind Fleisch fressende Jäger. Ihre physischen Voraussetzungen, Sinnesorgane, Instinkte und ihr Sozialverhalten sind auf die Jagd anderer Tiere ausgerichtet. Diese natürlichen Eigenschaften wurden auf vielfältige Weise hervorgehoben und verfeinert, um die Verschiedenartigkeit der heutigen Hunderassen zu erlangen.

Im Allgemeinen haben Hunde hoch entwickelte Sinnesorgane, eine kräftige Muskulatur und ein Herz-Kreislauf-System, das sowohl Schnelligkeit als auch Ausdauer begünstigt. Ihr starkes Gebiss dient dem Reißen und Festhalten der Beute, ebenso dem Zerteilen von Fleisch und Knochen. Sie haben ein recht flexibles Skelett, sind in der Regel relativ langgliedrig und bewegen sich auf den Zehenballen, was ihnen ein höheres Maß an Beweglichkeit verleiht. Überdies haben sie die Fähigkeit entwickelt, in einem Rudel zusammenzuarbeiten.

Die Sinne: das Sehvermögen

Hunde haben ein größeres Sichtfeld als Menschen, da ihre Augen weiter seitlich liegen. Bei manchen Windhunden, die sich bei der Jagd hauptsächlich auf ihre

Augen verlassen, beträgt das Sichtfeld bis zu 270°, im Vergleich zu etwa 180° bei einigen breitköpfigen Rassen mit weiter nach vorn gerichteten Augen und etwa 120° beim Menschen. Das Hundeauge ist bewegungs- und lichtempfindlicher als das menschliche und kann deshalb auch bei geringer Lichtintensität besser sehen. Allerdings nehmen Hunde weniger Details wahr, da ihre Linse flacher ist. Lange wurde angenommen, Hunde seien farbenblind, aber jüngste Forschungsergebnisse beweisen, dass sie begrenzt auch Farben sehen können.

Das Gehör

Im Allgemeinen haben Hunde ein hervorragendes Gehör, mit dem sie Artgenossen und Beute leicht orten können. Sie sind in der Lage, Töne von 16 bis 100 000 Hz zu hören; beim Menschen liegt die Frequenz zwischen 20 und 20 000 Hz. Viele Rassen verfügen über sehr bewegliche Ohren, sodass sie ein Geräusch schnell und präzise lokalisieren können. Hunde können Töne über eine viermal größere Entfernung wahrnehmen als der Mensch. In den letzten Jahren wird das Hörvermögen von Hunden immer häufiger eingesetzt, um ge-

hörlose Menschen zu unterstützen. Dabei werden die Hunde darauf trainiert, ihre Besitzer auf akustische Signale wie Tür- oder Telefonklingeln aufmerksam zu machen.

Der Geruchssinn

Hunde haben einen außerordentlich entwickelten Geruchssinn, der für die Verfolgung einer Beute über längere Strecken und in oft schwierigem Gelände unerlässlich ist. Es sind vor allem Spürhunde wie der Bluthund, die aufgrund ihres ausgezeichneten Geruchssinns selektiv gezüchtet wurden und als Lauf- und Fährtenhunde eingesetzt werden. Auch andere Jagd- und Sporthunde haben eine sehr feine Nase, die nicht nur beim Aufstöbern von Wild wichtig ist. Rassen wie Labrador Retriever und einige Spanieltypen werden von Polizei, Zoll und Militär als Suchhunde für Drogen und Sprengstoff eingesetzt. Der Hund besitzt Millionen von Geruchsrezeptoren mehr als der Mensch. Er folgt der Fährte aber nicht nur mit der Nase: Hunde verfügen über ein weiteres Sinnesorgan auf beiden Seiten der Nasenscheidewand, das als Jacobson-Organ (oder Vomeronasales Organ) bekannt ist, mit dem sie zwei Arten von Geruchspartikeln unterscheiden können: solche in der Luft und die konstanteren, aber eher verfremdeten auf dem Boden.

Verhalten und Kommunikation

Einer der wichtigsten Gründe für den Erfolg der Beziehung zwischen Mensch und Hund liegt vielleicht in der Tatsache, dass Hunde die Fähigkeit haben, ein komplexes Sozialverhalten zu erlernen. Sie können sich an neue Situationen anpassen, daraus lernen und über Lautäußerungen und Körpersprache kommunizieren. Tatsächlich sind Hunde weitaus talentierter, nonverbale Zeichen mittels Körpersprache auszusenden und zu empfangen als Menschen, und lernen allgemein schnell, die Körpersprache eines Menschen zu deuten. Zur Kommunikation untereinander, mit Menschen oder anderen Tieren, bedienen sich Hunde einer großen Fülle von Lautäußerungen und Bewegungen wie Bellen, Knurren, Jaulen und Heulen; sie können sich zudem durch bestimmte Haltungen ihres Körpers oder einzelner Körperteile wie Kopf, Schnauze, Ohren, Augen, Augenbrauen und Rute ausdrücken, auch in unterschiedlichen Kombinationen. Hunde kommunizieren außerdem über Duftsignale miteinander, indem sie ihr Revier mit Urin markieren.

Die meisten wilden Caniden leben in hierarchisch strukturierten Rudeln. Jedes Rudelmitglied nimmt einen bestimmten sozialen Rang ein, und die Bekundung von Dominanz oder Unterordnung innerhalb des Rudels, die dem sozialen Gefüge dient, gehört zu den häufigsten Formen der Hunde-Kommunikation. Dieses Verhaltensmuster überträgt der Hund auf sein Verhältnis zum Menschen, was sich auf viele Arten zeigt. Ein unterwürfiger Hund, der sich bedroht fühlt, duckt sich mit eingezogener Rute und senkt Kopf und Ohren oder dreht sich auf den Rücken. Ein dominanter, aggressiver Hund richtet sich in der Regel mit aufgestellter Rute und gesträubtem Rückenfell auf und streckt Hals und Kopf nach vorn. Die Lefzen können leicht nach hinten gezogen sein, damit das Gebiss sichtbar wird.

Die Haltung der Rute

Auch wenn die Ruheposition der Rute von Rasse zu Rasse unterschiedlich ist, stellt ihre Haltung doch im Allgemeinen einen guten Indikator für die Laune

oder den sozialen Rang eines Hundes dar. Eine aufgestellte Rute deutet auf Vertrauen und Dominanz hin, eine eingezogene suggeriert häufig Unsicherheit und Unterwürfigkeit. Gleichermaßen kann auch das Wedeln der Rute die Stimmung eines Hundes verraten: Langsames, kurzes Wedeln bedeutet, dass der Hund sich über eine Situation wundert, eine schnelle, weite Rutenbewegung bedeutet Freude, möglicherweise gemischt mit einer gewissen Unterwürfigkeit.

Die Haltung der Ohren

Auch wenn sie bei Hunden mit Behängen (Hängeohren) weniger auffällig ist als bei Hunden mit aufrechten Ohren, ist ihre Stellung doch ein wichtiges Kommunikationsmittel. Sind die Ohren beispielsweise aufgerichtet und zeigen nach vorn, verfolgt der Hund aufmerksam ein Geräusch oder eine Situation. Die Stellung der Ohren kann auch auf die Laune des Hundes hinweisen. Legt er die Ohren nach hinten an den Kopf an, kann dies ein Zeichen für Angst sein.

Mimik

Die Bewegungen von Fang, Augen und Augenbrauen sind ebenfalls ein wichtiges Kommunikationsmittel. So mancher Ausdruck ist einem menschlichen nicht unähnlich und drückt ähnliche Gefühle aus. Hochgezogene Augenbrauen stehen für Neugier; Verwirrung oder Verärgerung wird durch zusammengezogene Augenbrauen ausgedrückt und Misstrauen durch halb geschlossene Augen. Gähnen deutet einfach auf Müdigkeit hin, kann aber auch ein Zeichen dafür sein, dass der Hund allein sein möchte. Ein geöffneter Fang mit entspannten Lefzen sieht fast wie ein Lächeln aus und kann von Hecheln begleitet werden – das ist allgemein ein Zeichen dafür, dass der Hund zufrieden ist oder spielen will. Knurren mit zurückgezogenen Lefzen, die das Gebiss entblößen, ist in der Regel ein Zeichen für Aggression, kann aber auch eine spielerische Geste sein; deshalb sollte die restliche Körpersprache mitberücksichtigt werden, um Rückschlüsse auf die Stimmung des Hundes oder seine Absicht zu ziehen.

Lautäußerungen: Bellen

Der Haushund verfügt, obwohl er eine Unterart des Grauwolfes ist, über ein viel größeres Repertoire an Lautäußerungen als sein Vorfahr. Besonders beim Bellen unterscheiden sich die beiden Caniden deutlich voneinander. Auch wenn Wölfe in bestimmten Situationen bellen können, ist ihr Bellen viel spezifischer, isolierter und kürzer. Hunde bellen wesentlich häufiger: als Reaktion auf eine größere Reizvielfalt und in viel längeren, häufig rhythmischen Mustern. Man geht davon aus, dass diese Neigung zum Bellen während der frühen Domestizierung gefördert wurde, weil es die Menschen vor Eindringlingen und Raubtieren warnte. Hunde bellen aus vielen verschiedenen Gründen: um Aufmerksamkeit zu erregen, Freude auszudrücken, zur Identifikation und beim Spiel. Bellen drückt, je nach Tonlage, eine Vielzahl von Gefühlslagen aus, z. B. Aufregung, Angst, Stress oder Freude.

Heulen

Wie bei seinem Verwandten, dem Grauwolf, ist das Heulen des Hundes ein Kommunikationsmittel über lange Distanzen. Es kann zur Zusammenführung von Rudelmitgliedern oder Ortung des Hundeführers eingesetzt werden oder anderen Hunden die eigene Anwesenheit anzeigen und sie vor dem Eindringen in das eigene Revier warnen. Ebenso kann es eine Reaktion auf besonders laute oder hohe Töne wie Musik oder Alarmsignale sein.

Knurren

Zwar ist Knurren häufig ein Zeichen für Aggression und Dominanz und kann dem Angriff eines Hundes vorausgehen, kann aber auch den Wunsch zu spielen ausdrücken. Ein verspielter Hund, der knurrt, kann normalerweise dadurch von einem aggressiven Hund unterschieden werden, dass er dabei nicht die Zähne zeigt. Dennoch ist in solchen Situationen Vorsicht geboten, und es sollte auf andere Signale wie die Haltung der Rute und die generelle Körpersprache geachtet werden.

Jaulen

Hunde jaulen aus verschiedenen Gründen: um Aufmerksamkeit zu erwecken, als Ausdruck von Schmerzen oder Angst, aber auch vor Aufregung, beispielsweise bei der Begrüßung von Menschen oder anderen Hunden.

Der Hund als Haustier

Ungeachtet der veränderten Viehhaltungs- und Jagdmethoden erfüllen Hunde auch heute noch viele der Aufgaben, für die sie vor Jahrhunderten oder gar Jahrtausenden gezüchtet wurden. Aufgrund ihrer Vielseitigkeit wurden ihnen aber auch neue Rollen zugewiesen: als Blinden- und Hörhunde, als Assistenz- und Therapiehunde für Behinderte und Kranke oder zum Aufspüren von Drogen, Sprengstoff und sogar von Mineralvorkommen. Hunde werden auf Ausstellungen gezeigt und können ihre instinktiven Qualitäten bei Field-, Hüte-, Obedience- und Agility-Wettbewerben demonstrieren, während sie gleichzeitig die tiefe Beziehung, die sich zwischen Mensch und Hund entwickelt hat, unter Beweis stellen. Meistens begegnen wir dem Hund aber als Begleiter, als „bestem Freund des Menschen".

Die Beziehung zwischen Mensch und Hund wird durch ein starkes emotionales Band und oft auch fast bedingungslose Akzeptanz des Menschen geprägt. Darum sollten Hunde nicht nur Mahlzeiten, Auslauf und Pflege erhalten, sondern auch menschliche Zuwendung, denn sie können mit Angst oder sogar Krankheit reagieren, wenn sie diese für längere Zeit entbehren müssen. Ebenfalls problematisch ist andererseits, wenn der Hund zu vermenschlicht wird, ihm menschliche Gefühle und Intelligenz unterstellt werden oder das Tier Narrenfreiheit genießt. Ein verantwortungsbewusster Hundehalter sollte den Hund frühzeitig erziehen und mit Menschen und anderen Hunden in Kontakt bringen, damit das Tier später weder ängstlich noch dominant wird, was beides zu Aggression führen kann.

HIRTEN- UND HÜTEHUNDE

RIESENSCHNAUZER

Der Riesenschnauzer ist, wie der Name schon andeutet, der größte der drei Schnauzertypen. Er stammt aus Oberbayern, wo er als Treiber von Viehherden gehalten wurde, und ist wahrscheinlich das Resultat einer Kreuzung aus Mittelschnauzer, einem drahthaarigen Hütehund wie dem Bouvier des Flandres und möglicherweise auch der schwarzen Deutschen Dogge. Schon bald wurde der Riesenschnauzer wegen seiner Hütequalitäten geschätzt, und wie viele Angehörige anderer Hüterassen konnte er sich auch als vielseitiger Gebrauchshund unter Beweis stellen. Heute ist er nicht nur ein treuer und anhänglicher Begleithund, sondern wird auch von Polizei und Militär als Such- und Rettungshund eingesetzt. Der Riesenschnauzer ähnelt im Temperament dem Terrier, was bei einem Hund dieser Größe problematisch sein kann. Doch mit konsequenter Führung und viel Auslauf ist diese aktive und intelligente Rasse ein ausgezeichnetes Haustier.

WIDERRISTHÖHE: 58–71 cm

GEWICHT: 35–47 kg

LEBENSERWARTUNG: 12–14 Jahre

URSPRUNG: Deutschland

BESCHREIBUNG: großer, kräftiger Hund mit buschigen Augenbrauen und Bart, die dreieckigen Klappohren hoch angesetzt. Das Haarkleid aus dichter Unterwolle und drahtigem Deckhaar ist schwarz oder pfeffersalz.

BOUVIER DES FLANDRES

Der Bouvier des Flandres heißt, wörtlich übersetzt, „Rinderhund aus Flandern“ und ist auch als Flandrischer Treibhund bekannt. Er wurde als Gebrauchs- und Hofhund gezüchtet, der Viehherden hütete und trieb und Gerätschaften und Karren zog. Der genaue Ursprung der Rasse ist unbekannt, man nimmt aber an, dass er mit dem Beauceron und dem Holländischen Griffon verwandt ist. Auch wenn über seinen Ursprung weiter Uneinigkeit herrscht, wurde er in seiner gegenwärtigen Form nach dem Ersten Weltkrieg im belgischen Teil Flanderns entwickelt. Der Bouvier des Flandres wurde im Zweiten Weltkrieg häufig als Nachrichten- und Materialüberbringer eingesetzt und als Rasse fast ausgelöscht, mit dem Resultat, dass die heutigen Stammbäume auf ein sehr begrenztes Genmaterial zurückzuführen sind; eine Tatsache, mit der bestimmte Komplikationen bei der Fortpflanzung in Verbindung gebracht werden. Im Allgemeinen aber ist dieser Hund ein robustes und treues Haustier und wird auch für die Polizeiarbeit, als Such-, Rettungs- und Führhund eingesetzt.

Widerristhöhe: 58–71 cm
Gewicht: 27–40 kg
Lebenserwartung: 10–12 Jahre
Ursprung: Belgien
Beschreibung: großer, kräftiger Hund mit massigem Kopf, Augenbrauen und einem breiten Fang, der durch einen kräftigen Schnauz- und Kinnbart betont wird. Die Ohren sind dreieckig. Die Rute kann von Natur aus stummelartig sein, darf aber nicht mehr kupiert werden. Das Deckhaar ist dicht und drahtig, schwarz, grau, falbfarben oder gestromt.

AUSTRALIAN CATTLE DOG

WIDERRISTHÖHE: 43–51 cm
GEWICHT: 14–20 kg
LEBENSERWARTUNG:
12–15 Jahre
URSPRUNG: Australien
BESCHREIBUNG:
kompakte, muskulöse Rasse mit breitem Schädel, tiefem Brustkorb und mittellanger, leicht gekrümmter Rute. Das dichte Deckhaar ist kurz und rau, es kann blau, rot gesprenkelt oder gescheckt mit braunen Abzeichen sein.

Der Australian Cattle Dog wurde im 19. Jahrhundert von Siedlern aus mehreren Rassen, darunter Collie, Australian Kelpie, Dalmatiner und halb wilden australischen Dingos, zum Treiben von Viehherden über lange Strecken unter unwirtlichen Bedingungen gezüchtet. Daraus entwickelte sich ein intelligenter, aufgeweckter und mutiger Hund mit einer fast unerschöpflichen Energie und Ausdauer, der Viehherden schnell und effizient vorantreibt. Dabei zwickt er die Rinder in die Hinterläufe, was seinen Zweitnamen Australian, Queensland oder Blue Heeler (engl. heel: Hinterlauf, Ferse) erklärt. Dieser Hüteinstinkt, den der Hund auch auf seinen Halter und dessen Eigentum überträgt, macht ihn zu einem guten Wachhund. Wenn er nicht als Hütehund, sondern als Begleithund gehalten wird, benötigt der athletische Hund viel Platz und Auslauf, um sich wohl zu fühlen.

LANCASHIRE HEELER

Der Lancashire Heeler entstand aus einer Kreuzung von Manchester Terrier und Welsh Corgi, möglicherweise mit späten Einflüssen von Dachshunden. Der Lancashire Heeler ist ein niederläufiger terrierähnlicher Hund mit länglichem Gebäude, der als Ungezieferjäger, Viehtreiber und allgemein als Hofhund eingesetzt wurde. Die Bezeichnung „Heeler" (engl. heel: Hinterlauf, Ferse) leitet sich von der Art ab, wie diese Hunde arbeiten: Um das Vieh anzutreiben, zwicken sie es in die Hacken. Gelegentlich wird zwischen größeren und kleineren Tieren unterschieden: Erstere sind auch als Butcher's Heeler bekannt, Letztere als Ormskirk Heeler, die häufiger als Hütehunde eingesetzt wurden. Als der Bedarf an Treibhunden mit Einzug der modernen Landwirtschaft immer mehr zurückging, war der Lancashire Heeler vom Aussterben bedroht, wurde aber als lebhafter und anhänglicher Begleiter und Wachhund immer beliebter.

Widerristhöhe: 25–31 cm
Gewicht: 4–6 kg
Lebenserwartung: 12–14 Jahre
Ursprung: Großbritannien
Beschreibung: niederläufiger Hund mit länglichem Gebäude, großen weit auseinander liegenden Ohren und hoch angesetzter Rute, die über dem Rücken getragen wird. Das Haarkleid ist schwarz und lohfarben, normalerweise glatt und glänzend und wird im Winter etwas länger mit einer Mähne.

CARDIGAN WELSH CORGI

WIDERRISTHÖHE: 25–33 cm
GEWICHT: 11–18 kg
LEBENSERWARTUNG: 12–14 Jahre
URSPRUNG: Großbritannien
BESCHREIBUNG: niederläufiger Hund mit länglichem Gebäude und tiefem Brustkorb, sehr großen, aufrechten Ohren und einer langen, tief angesetzten Rute. Das Haarkleid ist von mittlerer Länge mit Kragen und gestromt, blue merle, schwarz, schwarz und lohfarben, schwarz gestromt, sable und rot, häufig mit weißen Abzeichen.

Der Welsh Corgi ist zweifelsohne eine sehr alte Rasse, die schon 1086 im großen britischen Reichsgrundbuch, dem Domesday Book, belegt ist. Aber seine Ursprünge liegen wohl noch viel weiter zurück und bleiben Gegenstand reichlicher Spekulation. Der Name leitet sich vom keltischen Wort für „Hund" ab, möglicherweise stammt der Welsh Corgi denn auch von alten keltischen Rassen ab, während anderes dafür spricht, dass er der Vor- oder Nachfahre des Schwedischen Vallhundes ist. Von den beiden Welsh-Corgi-Rassen ist der Cardigan ohne Zweifel die ältere. Er war ein Treibhund, der das Vieh mit kleinen Bissen in die Hinterläufe vorantrieb. Bis 1934, als beide Corgis offiziell als eigenständige Rassen anerkannt wurden, kreuzte man sie noch häufig. Heute lässt sich der Cardigan an seinem schwereren Körperbau, den größeren Ohren und der buschigeren Rute erkennen.

PEMBROKE WELSH CORGI

Wie der Cardigan Welsh Corgi ist der Pembroke ein alter, niederläufiger Treibhund, der Schaf-, Rinder- und Ponyherden durch Bisse in die Hinterläufe der Tiere antrieb. Heute findet man beide Rassen häufiger als Begleit- und Wachhund denn als Hütehund. Beide sind anhängliche Haustiere, auch wenn der Pembroke der bekanntere der beiden Welsh-Corgi-Rassen ist und oft als folgsamer gilt. Mitunter wurde er bei der Jagd als Apportierhund eingesetzt. Der Pembroke lässt sich an seiner kürzeren oder gar nicht vorhandenen Rute erkennen. Generell ist er der kleinere Corgi, mit kleineren Ohren und einem keilförmigeren Schädel.

WIDERRISTHÖHE: 25–30 cm
GEWICHT: 10–12 kg
LEBENSERWARTUNG:
12–14 Jahre
URSPRUNG: Großbritannien
BESCHREIBUNG:
niederläufiger Hund mit länglichem Gebäude, fuchsartigem Kopf und großen, aufrechten Ohren. Die Rute ist von Natur aus kurz. Das weiche Haarkleid kann rot, sable, falbfarben, schwarz und lohfarben sein, normalerweise mit weißen Abzeichen.

DEUTSCHER SCHÄFERHUND

Der hochintelligente, sensible und vielseitige Deutsche Schäferhund ist wohl eine der am meisten verbreiteten und beliebtesten Hunderassen überhaupt. Hier zu Lande diente er zunächst als Hütehund, wird inzwischen aber auf der ganzen Welt als Diensthund bei Polizei und Militär, Such- und Rettungshund, Wach- und Blindenhund oder einfach als Familiengefährte gehalten. Er bringt hervorragende Leistungen bei Obedience- und Agility-Wettbewerben sowie im Ausstellungsring. Seit 1882 wurde er über viele Jahre in seinen verschiedenen Varietäten – auch weißfellig und langhaarig – ausgestellt. Heute ist jedoch bei Hundeschauen nur noch der kurzhaarige Deutsche Schäferhund anerkannt; Weiß wird im Allgemeinen als ausschließender Fehler gewertet. Während weiße Schäferhunde in Europa immer seltener wurden, züchtete man sie in Nordamerika weiter, und einige Verbände erkennen sie bereits als eigene Rasse an, die als Amerikanischer Weißer Schäferhund oder einfach Weißer Schäferhund bezeichnet wird.

WIDERRISTHÖHE: 55–65 cm
GEWICHT: 34–43 kg
LEBENSERWARTUNG: 11–13 Jahre
URSPRUNG: Deutschland
BESCHREIBUNG: großer, muskulöser Hund mit leicht länglichem Gebäude, langem Fang und langer, buschiger Rute. Die dreieckigen Ohren sind groß und aufrecht. Das Fell ist dicht und kann kurz oder lang sein. Im Allgemeinen ist es schwarz und gelb oder lohfarben. Weiße Schäferhunde werden teilweise als eigenständige Rasse anerkannt.

GROENENDAEL (BELGISCHER SCHÄFERHUND)

WIDERRISTHÖHE: 56–66 cm
GEWICHT: 27–34 kg
LEBENSERWARTUNG: 12–14 Jahre
URSPRUNG: Belgien
BESCHREIBUNG: großer, muskulöser schwarzer Schäferhund, mit einer langen, sich verjüngenden Schnauze und aufrechten dreieckigen Ohren. Das dichte Haarkleid ist von mittlerer Länge mit mähnenartigem Kragen; Unterlinie, Läufe und Rute sind befedert.

Der Groenendael ist eine von vier eng miteinander verwandten Rassen, die auch als Belgische Schäferhunde bekannt sind, und von den anderen drei durch sein schwarzes Haarkleid zu unterscheiden. Einige Organisationen erkennen allerdings nicht alle vier Rassen an oder sehen sie als eine einzige mit vier Varietäten. Der Groenendael ist ein begeisterter und aktiver Arbeiter, der nicht nur als Hütehund, sondern auch als Wach-, Polizei-, Such- und Rettungshund eingesetzt wird. In beiden Weltkriegen erfüllte er verschiedene Funktionen, darunter das Überbringen von Nachrichten und Material oder gar das Ziehen von Maschinengewehren auf dem Schlachtfeld. Von den vier Rassen ist der Groenendael wohl am häufigsten als Familienhund zu finden. Wenn er nicht als Arbeitshund gehalten wird, braucht er jedoch viel Auslauf. Obedience- und Agility-Wettbewerbe sind eine empfehlenswerte Alternative.

(BELGISCHER SCHÄFERHUND) LAEKENOIS

Diese hochintelligente, aufmerksame und folgsame Rasse wurde, bevor sie ihre Talente als Schäferhütehund beweisen konnte, in belgischen Flachsfeldern eingesetzt, um sowohl die Pflanzen als auch die Leintücher, die zum Sonnenbleichen ausgebreitet wurden, zu bewachen. Später bewährte sich der Laekenois als Diensthund bei Polizei und Militär, ebenso als Such- und Rettungshund. Außerdem ist er ein treuer Familienhund, vorausgesetzt er erfährt früh eine gute Führung und Sozialisation. Der aktive Hund benötigt viel Auslauf; manche Tiere können aufgrund ihres Beschützerinstinkts aggressiv und unkooperativ werden. Zwar gilt der Laekenois häufig als Vorfahre der drei anderen Belgischen Schäferhunde, ist aber heute die am wenigsten verbreitete Rasse. Und während Groenendael, Malinois und Tervueren weithin als eigene Rassen anerkannt sind, trifft dies nicht auf den Laekenois zu.

WIDERRISTHÖHE: 56–66 cm
GEWICHT: 27–34 kg
LEBENSERWARTUNG: 12–14 Jahre
URSPRUNG: Belgien
BESCHREIBUNG: großer, muskulöser Schäferhund mit einer langen, sich verjüngenden Schnauze und aufrechten dreieckigen Ohren. Das dichte Haarkleid ist drahtig und reicht von Falbfarben bis Mahagoni. Häufig sind Ohren, Maske und Rute schwarz.

MALINOIS (BELGISCHER SCHÄFERHUND)

Als Hütehund in der Gegend um die belgische Stadt Malines gezüchtet, besitzt der Malinois im Gegensatz zu den drei anderen Rassen oder Varietäten des Belgischen Schäferhunds ein kurzhaariges Fell. Sowohl der Groenendael als auch der Tervueren sind langhaarig, während das Haarkleid des Laekenois rau und drahtig ist. Der Malinois ähnelt dem Deutschen Schäferhund, ist etwas größer und leichter als dieser, aber ebenso intelligent und vielseitig. Er beweist seine Fähigkeiten in denselben Aufgaben, z. B. als Diensthund bei Polizei und Militär, als Wach-, Such- und Rettungshund sowie als Therapie- und Führhund. Wenn er bereits früh geführt und sozialisiert wird, ist der Malinois auch ein ausgezeichneter Familienhund. Fremden gegenüber kann er allerdings misstrauisch und anderen Tieren gegenüber aggressiv sein. Er ist ein aktiver und lebendiger Hund, der viel Auslauf braucht. Unerfahrenen Hundehaltern ist er im Allgemeinen nicht zu empfehlen.

Widerristhöhe: 56–66 cm
Gewicht: 27–34 kg
Lebenserwartung: 12–14 Jahre
Ursprung: Belgien
Beschreibung: großer, muskulöser Schäferhund mit einer langen, sich verjüngenden Schnauze und aufrechten dreieckigen Ohren. Das Haarkleid ist kurz und reicht von Falbfarben bis Rötlich oder Grau mit Schattierungen; schwarze Maske, Rutenspitze und Ohren.

TERVUEREN (BELGISCHER SCHÄFERHUND)

WIDERRISTHÖHE: 56–66 cm
GEWICHT: 27–34 kg
LEBENSERWARTUNG: 12–14 Jahre
URSPRUNG: Belgien
BESCHREIBUNG: großer, muskulöser Schäferhund mit einer sich verjüngenden Schnauze und aufrechten, dreieckigen Ohren. Das Haarkleid ist mittellang bis lang; es besteht aus einer dichten falbfarbenen Unterwolle und schwarzem Deckhaar. Unterlinie und Hinterläufe sind befedert, oftmals haben die Tiere einen mähnenartigen Kragen.

Von den vier Belgischen Schäferhunden wird der Tervueren nach dem Groenendael am häufigsten als Familienhund gehalten, während Laekenois und Malinois meist als Wachhunde eingesetzt werden. Doch auch der Tervueren wird noch als Hütehund eingesetzt und bewährt sich zudem als Diensthund bei der Polizei, als Such- und Rettungshund ebenso wie als Schlittenhund oder als Therapie- und Führhund. Der Tervueren ist dem Groenendael sehr ähnlich, unterscheidet sich aber durch die hellere Unterwolle und das schwarze Deckhaar, das an Kopf, Schultern und Rücken überhängt und in gewisser Weise an einen langhaarigen Deutschen Schäferhund erinnert. Wie auch die drei anderen Belgischen Schäferhunde besitzt diese Rasse einen ausgeprägten Beschützerinstinkt und ist sehr intelligent und gelehrig. Allerdings benötigt er viel sowohl geistige als auch körperliche Anregung.

AUSTRALISCHER SCHÄFERHUND

Anders als sein Namen vermuten lässt, stammt der Australische Schäferhund aus den USA und wurde aus Hütehunderassen europäischen Ursprungs gezüchtet. Viele dieser Hunde wurden im 19. Jahrhundert in die USA und nach Australien exportiert. Dort wurden diese intelligenten und unglaublich ausdauernden Arbeiter auf Ranches und Farmen zum Schafehüten gehalten. Doch haben sie sich als sehr vielseitig erwiesen und werden ferner auch als Apportier-, Wach-, Such- und Rettungshunde sowie im Polizeidienst eingesetzt. Sie haben einen ausgeprägten Beschützerinstinkt und sind anhänglich und treu, was sie außerdem zu beliebten Familienhunden macht. Doch diese Rasse muss nahezu ständig beschäftigt werden, und Hunde aus reinen Arbeitsschlägen sind als Begleiter ungeeignet.

WIDERRISTHÖHE: 45–58 cm
GEWICHT: 18–29 kg
LEBENSERWARTUNG: 12–15 Jahre
URSPRUNG: USA
BESCHREIBUNG: solider Hütehund von mittlerer Größe mit mittellangem Haarkleid, leicht befederten Läufen und einer von Natur aus kurzen Rute. Die dreieckigen Ohren sind hoch angesetzt. Fell- und Augenfarbe variieren stark.

ROUGH COLLIE

Auch wenn Rough Collie und Smooth Collie heute als unterschiedliche Rassen anerkannt sind, wurden sie parallel entwickelt, und der Unterschied in der Länge des Fells wird oft nur als Varietät angesehen. Der langhaarige Rough Collie wurde aber, zweifelsohne wegen seines prächtigen Fells, der beliebtere der beiden und immer weiter verfeinert. Auch wenn er zu den ältesten britischen Hütehunderassen zählt, wird seine Arbeitsfähigkeit heute auf Kosten seines Erscheinungsbilds vernachlässigt, und lange ist er hauptsächlich als Schau- und Begleithund gezüchtet worden. Man vermutet, dass Greyhound- oder auch Barsoischläge eingekreuzt wurden, um einen feineren, länglicheren Kopf und Fang zu erhalten. Die intelligente, treue und gelehrige Rasse wurde auch als Rettungs- und Führhund eingesetzt. Am bekanntesten dürfte der Rough Collie aber als Fernsehhund „Lassie" sein.

Widerristhöhe: 51–61 cm
Gewicht: 23–34 kg
Lebenserwartung: 14–16 Jahre
Ursprung: Großbritannien
Beschreibung: relativ großer, auffälliger Hütehund mit einer langen, sich verjüngenden Schnauze, aufrechten Ohren mit nach vorn geklappten Spitzen und einer langen, buschigen Rute. Das üppige Haarkleid mit einem mähnenartigen Kragen kann sandfarben und weiß, schwarz, weiß und lohfarben oder blue merle sein.

SHETLAND SHEEPDOG

Der Shetland Sheepdog, auch Sheltie genannt, tauchte zum ersten Mal 1909 in Großbritannien auf und wurde fünf Jahre später vom British Kennel Club anerkannt. Zunächst war er als Shetland oder Miniatur-Collie bekannt, und in der Tat gleicht sein Erscheinungsbild sehr dem des Rough Collies. Man nimmt an, dass der Sheepdog auf den schottischen Shetland-Inseln aus Collieschlägen gezüchtet wurde, auch wenn ein kleiner isländischer Hund, der Yakkin, ebenfalls zu seiner Entwicklung beigetragen haben könnte. Trotz seiner etwas zierlichen Gestalt ist der Shetland Sheepdog ein zäher und arbeitsamer Hund, der ursprünglich zum Hüten und Treiben von Viehherden eingesetzt wurde, heute aber wegen seines attraktiven Äußeren, seiner Intelligenz und seines gutmütigen, folgsamen Wesens sehr beliebt als Ausstellungs- und Begleithund ist. Der Shetland Sheepdog macht sich auch bei Obedience-Wettbewerben hervorragend.

WIDERRISTHÖHE: 30–38 cm
GEWICHT: 5–8 kg
LEBENSERWARTUNG: 12–14 Jahre
URSPRUNG: Großbritannien
BESCHREIBUNG: ein relativ kleiner, leicht gebauter Hund mit langem, keilförmigem Schädel, kleinen aufrechten Ohren, die an den Spitzen nach vorn geklappt sind, und einer langen, befederten Rute. Das Haarkleid ist recht lang mit einem mähnenartigen Kragen und kann blue merle, sandfarben und schwarz mit unterschiedlichen Weiß- und Loheanteilen sein.

BORDER COLLIE

WIDERRISTHÖHE: 46–56 cm
GEWICHT: 13–20 kg
LEBENSERWARTUNG: 12–15 Jahre
URSPRUNG: Großbritannien
BESCHREIBUNG: mittelgroßer, gut proportionierter Hütehund mit wachem Gesichtsausdruck und in der Regel halb aufgerichteten Ohren. Das Fell kann kurz und glatt oder halblang sein, meistens schwarz mit Weißanteilen.

Der hochintelligente, energiegeladene und arbeitsame Border Collie wurde als Schäferhund in Northumberland an der Grenze („border“) zwischen England und Schottland, wahrscheinlich aus alten Hüte- und Spanielschlägen, entwickelt. Der äußerst gelehrige Hund wird heute auch als Fährten-, Such- und Rettungshund, als Führ- und Assistenzhund eingesetzt, gilt weiterhin aber auch als eine der besten Hüterassen überhaupt, die gefallen will und unbändige Energie, Ausdauer und Beweglichkeit besitzt. Der Border Collie ist auch ein guter Begleithund, braucht aber sehr viel Auslauf und Zuwendung. Wenn er nicht als Arbeitshund eingesetzt wird, sind Obedience-, Agility- oder Hütewettbewerbe eine geeignete Maßnahme, die unbändige Energie des Hundes zu kanalisieren.

BEARDED COLLIE

Durch sein üppiges langes Deckhaar und die Farbe des Fells ist der Bearded Collie dem Old English Sheepdog sehr ähnlich. Man nimmt an, dass er von Polnischen Niederungshütehunden (Owczarek Nizinny) abstammt, die im 16. Jahrhundert nach Schottland gelangten und mit heimischen Hütehunden gepaart wurden. Der gutmütige, verlässliche und anhängliche Hund wird bis heute zum Hüten von Schaf- und Rinderherden eingesetzt, ist aber auch ein beliebter Familien- und Ausstellungshund, der allerdings möglichst viel Zeit draußen verbringen will. Der Bearded Collie benötigt viel Auslauf und regelmäßige Fellpflege. Als der Border Collie im frühen 20. Jahrhundert immer beliebter wurde, nahm der Bestand an Bearded Collies dramatisch ab. Dadurch drohte die Rasse auszusterben, ihr Überleben konnte aber in den 1940er-Jahren wieder gesichert werden.

WIDERRISTHÖHE: 50–56 cm
GEWICHT: 18–27 kg
LEBENSERWARTUNG: 14–15 Jahre
URSPRUNG: Großbritannien
BESCHREIBUNG: mittelgroßer Hütehund mit zottigem Fell. Die Fellfarbe verändert sich im Laufe der Jahre von Schwarz, Braun, Falbfarben oder Blau zu Grau, bevor es mit zunehmendem Alter des Hundes wieder dunkler wird.

OLD ENGLISH SHEEPDOG

WIDERRISTHÖHE: 51–61 cm
GEWICHT: 27–41 kg
LEBENSERWARTUNG: 10–12 Jahre
URSPRUNG: Großbritannien
BESCHREIBUNG: großer, muskulöser Schäferhund mit breitem, tiefem Brustkorb und dichtem, zottigem Fell. Die kleinen Ohren verschwinden unter dem dichten Haarkleid, die Rute kann von Natur aus stummelartig oder, wo nicht verboten, kupiert sein. Das Fell ist normalerweise blau, grau oder blue merle, gewöhnlich mit weißen Abzeichen, oder weiß mit dunklen Abzeichen.

Der Old English Sheepdog, eine große, bekannte Rasse mit unverwechselbarem zottigem Fell, wurde im 18. und 19. Jahrhundert in Westengland wohl hauptsächlich aus Bearded Collies gezüchtet. Aber auch einige andere Rassen wie Briard, Bergamasker, Deerhound und der russische Owtschar gelten als mögliche Vorfahren. Wie der Name schon vermuten lässt, wurde der „alte englische Schäferhund" hauptsächlich zum Hüten von Schafherden eingesetzt, aber auch zum Treiben von Rinder- und selbst von Rentierherden in kälteren Gegenden, gut geschützt durch sein dichtes Fell. Früher wurde der Hund im Frühjahr zusammen mit den Schafen geschoren. Heute ist er eher als Begleit- und Ausstellungshund denn als Arbeitshund gefragt, und sein Fell benötigt regelmäßige Pflege.

BRIARD

Die alte französische Schäferhundrasse, der Briard oder Berger de Brie, geht möglicherweise bis auf das 13. Jahrhundert zurück. Sie wurde und wird zum Treiben und Hüten von Viehherden eingesetzt. Der mutige, intelligente und vielseitige Hund wurde auch von der französischen Armee als Wachhund eingesetzt, und in Kriegszeiten konnte sich der Briard in verschiedenen Rollen beweisen: als Überbringer von Nachrichten, Munition oder anderem Material bis hin zur Suche und Bergung von verwundeten Soldaten. Dabei wäre die Rasse nach dem Ersten Weltkrieg fast ausgestorben, aber glücklicherweise gab es noch genügend Tiere, um sie zu erhalten. Heute ist der Briard ein beliebter Familien- und Arbeitshund. Er ist ein treuer Gefährte und hat einen ausgeprägten Beschützerinstinkt, braucht aber früh eine gute Führung und Sozialisation, damit er nicht zu dominant wird.

WIDERRISTHÖHE: 56–69 cm
GEWICHT: 34–45 kg
LEBENSERWARTUNG: 10–12 Jahre
URSPRUNG: Frankreich
BESCHREIBUNG: großer, kräftiger Schäferhund mit langem, sprödem Fell. Augenbrauen, Schnauz- und Kinnbart sind zottig. Die Rute ist lang und befedert. An den Hinterläufen sind die Afterklauen vorhanden. Das Haarkleid variiert zwischen Schwarz, Grau und Loh.

BERGAMASKER

Der Bergamasker Hirtenhund ist die einzige Hunderasse, deren Haarkleid aus drei Schichten besteht: einer kurzen, fettigen Unterwolle, langem „Ziegenhaar" und wolligem Deckhaar. Die beiden oberen Schichten verfilzen miteinander und bilden Schnüre oder Zotteln, die dieser Rasse ihr einzigartiges, auffälliges Äußeres verleihen. Das dichte Haarkleid schützt den Bergamasker hervorragend vor allen Witterungseinflüssen und früher sogar in gewissem Maße vor Wölfen und anderen Raubtieren. Bei den Welpen ist das Fell weich und flauschig; nach einem Jahr bilden sich erste Zotteln, die nach fünf Jahren bis zum Boden reichen können. Die Rasse stammt aus der Region von Bergamo in Norditalien und war lange Zeit nur in Italien verbreitet. Erst in den letzten Jahren erlangte der Bergamasker auch in Europa und den USA große Beliebtheit, wo er als Wach-, Therapie- und Familienhund gehalten wird.

WIDERRISTHÖHE: 55–60 cm
GEWICHT: 26–32 kg
LEBENSERWARTUNG: 12–14 Jahre
URSPRUNG: Italien
BESCHREIBUNG: mittelgroßer, aber kräftig gebauter Hund, mit auffälligem, in Zotteln verfilztem Fell, das im Brustbereich überwiegend drahtig und zum Rücken hin wollig wird. Es kann grau, schwarz oder falbfarben sein.

PULI

WIDERRISTHÖHE: 38–46 cm
GEWICHT: 9–16 kg
LEBENSERWARTUNG: 12–14 Jahre
URSPRUNG: Ungarn
BESCHREIBUNG: mittelgroßer, aber recht muskulöser Hund mit ungewöhnlichem Haarkleid in Schnüren. Die Ohren sind mittelgroß und hängend. Die Rute wird eingerollt über dem Rücken getragen. Die Fellfarben sind Schwarz, Grau, Apricot oder Weiß.

Der Puli ist ein ungarischer Schäferhund, der wie sein enger Verwandter, der Komondor, wahrscheinlich von einer alten tibetanischen Rasse abstammt, die mit den Nomadenstämmen der Magyaren nach Ungarn gelangte. Er hat ein außergewöhnliches, in Schnüren fallendes Haarkleid, das bei einem älteren Hund bis zum Boden reichen kann. Zwar braucht das Fell wenig Pflege, doch sollten die nachwachsenden Schnüre immer wieder voneinander getrennt werden. Der Puli wurde ursprünglich eher als Schaftreiber denn als -hüter eingesetzt, und dunkle Fellfarben wurden bevorzugt, um den Hund leichter in der Schafherde zu erkennen. Heute gibt es verschiedene Farben, darunter auch Weiß. Der Puli war nach dem Zweiten Weltkrieg fast ausgestorben, die Bestände konnten in einem weltweiten Zuchtprogramm aber wieder gesichert werden.

BEAUCERON

Diese kräftige schwarze Rasse mit lohfarbenem Brand ist möglicherweise ein Vorfahr des Dobermanns und wurde in seiner Heimat Frankreich zunächst für die Wildschweinjagd eingesetzt, bevor er als Hirten- und Hütehund verwendet wurde. Er wurde in beiden Weltkriegen für vielfältige Aufgaben eingesetzt, z. B. zur Nachrichtenübermittlung oder als Minensuchhund. Heute gilt er weithin als einer der vielseitigsten Gebrauchshunde. Zwar wird er weiterhin als Hirten- und Hütehund eingesetzt, aber auch als Diensthund der französischen Armee und Polizei sowie als Such- und Rettungshund. Ursprünglich war er über die Grenzen Frankreichs hinaus wenig bekannt, doch ist er inzwischen in Europa und Nordamerika ein beliebter Wach- und Familienhund. Der Beauceron ist spät ausgereift und benötigt früh eine gute Führung, um zu einem treuen und beschützenden Familiengefährten zu werden.

Widerristhöhe: 60–70 cm
Gewicht: 29–50 kg
Lebenserwartung: 10–12 Jahre
Ursprung: Frankreich
Beschreibung: großer, bemuskelter Hund mit Doppel-Afterklauen an den Hinterläufen. Das Fell ist kurz mit Fransen an Flanken und Rute. Es ist entweder schwarz mit lohfarbenem Brand oder schwarz-grau gefleckt mit lohfarbenem Brand. Die Ohren sind, wenn sie nicht kupiert sind, halb stehend oder hängend.

GEBRAUCHS-HUNDE

MASTIFF

WIDERRISTHÖHE: 69–76 cm
GEWICHT: 72–86 kg
LEBENSERWARTUNG: 10–12 Jahre
URSPRUNG: Großbritannien
BESCHREIBUNG: massiger Hund mit quadratischem Schädel und kurzer Schnauze. Die Behänge liegen dicht an den Wangen, die Rute ist hoch angesetzt und verjüngt sich zur Spitze hin. Das Haarkleid ist kurz und kann golden, falbfarben oder gestromt sein mit einer schwarzen Maske und dunklen Ohren.

Mastifftypen waren schon in den Hochkulturen des Nahen Ostens und im Orient bekannt und wurden von den Griechen und Römern als Kriegshunde eingesetzt. Mit den Römern gelangte der Mastiff 43 n. Chr. auf die Britischen Inseln. Vielleicht wurde er aber auch bereits im 6. Jahrhundert v. Chr. von phönizischen Händlern eingeführt. Der Mastiff gehört zu den schwersten und stärksten Hunderassen und wurde deshalb in seiner langen Geschichte als Kriegs- und Kampfhund, als Bullen- und Bärenbeißer, Hochwild-Jagdhund, Vieh-, Besitz- und Personenschützer sowie als Begleithund eingesetzt. Entgegen seiner imposanten Statur und seinen besonderen Fähigkeiten als Wachhund hat er ein ruhiges und ausgeglichenes Temperament. Er sollte allerdings früh sozialisiert werden, sonst kann er aggressiv gegenüber anderen Hunden werden.

BULLMASTIFF

Wie der Name schon andeutet, ist der Bullmastiff das Resultat einer Kreuzung aus Mastiff und Bulldog, die als Wildhüterhund im 19. Jahrhundert in England entwickelt wurde, um Ländereien und das Wild darin vor Wilderern zu schützen. Ungeachtet seiner imposanten Erscheinung wurde er darauf abgerichtet, nicht zu reißen oder zu beißen, sondern Eindringlinge nur aufzustöbern und zu stellen. Dieses Verhalten machte ihn zu einem beliebten Wach-, Hüte- und Polizeihund, lange nachdem der Bedarf an Wildhüterhunden geschwunden war. Heute wird er eher als treuer Familienhund und Begleiter gehalten. Der Bullmastiff ist ein gutmütiges und munteres Tier mit starkem Beschützerinstinkt. Auch wenn der Hund in der Regel nicht ohne Provokation angreift, ist er doch sehr kräftig und kann durchaus eigensinnig sein. Er benötigt früh eine gute Führung und Sozialisation.

Widerristhöhe: 61–69 cm
Gewicht: 41–59 kg
Lebenserwartung: 8–10 Jahre
Ursprung: Großbritannien
Beschreibung: sehr kräftig gebauter Mastiff mit breitem Kopf und kurzem quadratischem Fang. Die dreieckigen Ohren sind hängend und weit auseinander gesetzt. Die lange Rute ist hoch angesetzt und verjüngt sich zur Spitze hin. Das Fell ist kurz, leicht rau und kann gestromt, falbfarben oder rot, häufig mit schwarzer Maske und Ohren, sein.

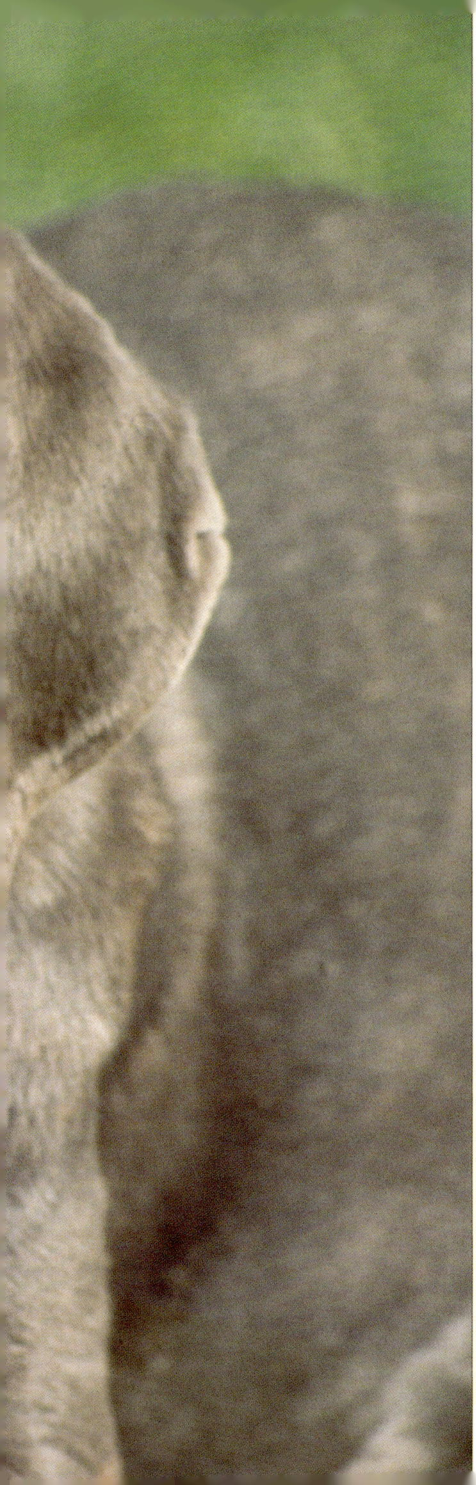

MASTINO NAPOLETANO

Die meisten, wenn nicht sogar alle europäischen Mastiffs gehen vermutlich auf einen tibetanischen Vorfahren zurück, der ungefähr 300 v. Chr. von Alexander dem Großen aus Asien nach Griechenland eingeführt wurde und von dort zu den Römern gelangte. Eine andere Theorie besagt, dass Mastiffs von phönizischen Händlern nach Europa gebracht wurden. Der Mastino ist auf jeden Fall ein Nachfahre des Molossers, eines mastiffähnlichen Hundes, der im alten Rom sehr verbreitet war und als Kriegs- und Kampfhund gehalten wurde. Auch der Mastino wurde als Kampfhund eingesetzt, fand aber andere Einsatzformen als Dienst-, Zug-, Wach- und Begleithund. Ungeachtet seiner Kraft und imposanten Größe ist er normalerweise ein friedlicher und anhänglicher Hund. Fremden gegenüber kann er etwas misstrauisch sein und seine Besitzer falls nötig furchtlos verteidigen.

Widerristhöhe: 60–75 cm
Gewicht: 50–74 kg
Lebenserwartung: 8–10 Jahre
Ursprung: Italien
Beschreibung: sehr großer, schwer gebauter Hund mit massigem Kopf, faltigem Gesicht und Hals und ausgeprägten Afterklauen. Die kleinen, dreieckigen Behänge liegen eng am Kopf an. Die kräftige Rute verjüngt sich zur Spitze hin und hängt in Ruhestellung herab. Das kurze und dichte Haarkleid ist blau, schwarz, cremefarben oder schokoladenbraun, einfarbig oder gestromt.

FILA BRASILEIRO

WIDERRISTHÖHE: 64–76 cm
GEWICHT: 45–68 kg
LEBENSERWARTUNG: 9–11 Jahre
URSPRUNG: Brasilien
BESCHREIBUNG: kräftiger Mastifftyp mit tiefem Fang und loser Haut, besonders an Kopf und Hals. Behänge und Rute sind lang. Das Fell ist kurz und glatt und kann falbfarben, schwarz oder gestromt sein, häufig mit einer schwarzen Maske und mit weißen Abzeichen an Läufen, Brust oder Rutenspitze.

Der Fila Brasileiro, auch als Brasilianischer Mastiff bekannt, ist ein sehr großer und kräftiger Hund, der aus alten englischen Mastiffs, Bluthund, Bulldog und Portugiesischen Hütehunden hervorging. In seiner Heimat Brasilien wurde er als Hirten- und Hütehund von Viehherden, Wachhund sowie zur Hochwildjagd eingesetzt. Er neigt eher dazu, seine Beute oder einen Eindringling zu stellen, als sofort anzugreifen, aber er ist außergewöhnlich mutig und weicht vor keiner Auseinandersetzung zurück. Wenn er provoziert wird, konzentriert er sich instinktiv auf Hals oder Kopf des Angreifers. Der Fila Brasileiro ist bekannt für sein Misstrauen Fremden gegenüber, und auch wenn Züchter versucht haben, eine gefügigere Linie zu züchten, so ist dieser Charakterzug doch tief verwurzelt. Seinem Besitzer gegenüber ist der Fila absolut treu und anhänglich.

DEUTSCHE DOGGE

Man nimmt an, dass die Deutsche Dogge aus alten, von den Römern eingeführten Mastifftypen gezüchtet wurde, die in der Folge mit Windhunden gekreuzt wurden. Die sehr große, kräftige und athletische Dogge wurde zunächst für die Jagd auf Hochwild wie Hirsche, Bären oder Wildschweine eingesetzt, was dem Hund die Beinamen Hatzrüde oder Saupacker einbrachte. Im 19. Jahrhundert war die Dogge besonders als Jagd- und Wachhund beliebt und wurde durch selektive Züchtung weiter verfeinert. Ungeachtet ihrer eindrucksvollen Erscheinung hat die Dogge ein ausgeglichenes und anhängliches Wesen und zeigt ihre Aggressivität nur, wenn sie provoziert wird. Die Dogge benötigt eine frühe Sozialisation und Erziehung, sonst ist ein erwachsener Hund dieser Größe nicht zu führen.

WIDERRISTHÖHE: 71–86 cm
GEWICHT: 45–68 kg
LEBENSERWARTUNG: 8–10 Jahre
URSPRUNG: Deutschland
BESCHREIBUNG: sehr großer, eleganter Hund mit langem, muskulösem Hals und langer, stumpfer Schnauze. Die lange Rute verjüngt sich zur Spitze hin. Die in der Regel nach vorn geklappten Ohren sind hoch angesetzt. Das Fell ist kurz und glatt und kann gelb, schwarz, blau, merle, gestromt oder gefleckt sein.

DOBERMANN

Mit dieser Rasse wollte der deutsche Steuereintreiber Louis Dobermann in den 1860er-Jahren den perfekten Wachhund züchten. Vermutlich waren es Deutsche Pinscher, Manchester Terrier, Rottweiler und Beauceron, die im Wesentlichen zur Entwicklung des Dobermanns beigetragen haben. Er ist hochintelligent und anhänglich; und auch als exzellenter Wachhund ist er normalerweise nicht übermäßig aggressiv. Wird er früh sozialisiert, ist er ein treuer, beschützender und anhänglicher Hausgefährte. Dieser vielseitige Hund ist sehr gelehrig und wird erfolgreich als Diensthund bei Polizei und Militär, als Treib- und Hofhund, als Spür- und Apportierhund, als Such- und Rettungshund sowie – angesichts seines Ursprungs etwas überraschend – als Führ- und Therapiehund eingesetzt.

WIDERRISTHÖHE: 61–71 cm
GEWICHT: 30–40 kg
LEBENSERWARTUNG: 10–12 Jahre
URSPRUNG: Deutschland
BESCHREIBUNG: schlanker und eleganter, aber auch kräftig und muskulös gebauter Hund. Sein Fell ist kurz und hart, es kann schwarz oder braun mit lohfarbenem Brand sein. Rute und Ohren wurden früher kupiert, was heute in Deutschland nicht mehr erlaubt ist.

ROTTWEILER

WIDERRISTHÖHE: 56–68 cm
GEWICHT: 36–59 kg
LEBENSERWARTUNG: 10–12 Jahre
URSPRUNG: Deutschland
BESCHREIBUNG: großer, muskulöser Mastifftyp mit breitem Schädel und kräftigem Fang. Die Ohren sind relativ klein und nach vorn geklappt. Die Rute wurde früher stummelartig kurz kupiert. Naturbelassen wird sie in Verlängerung der Rückenlinie oder auch hängend getragen. Das kurze und dichte Haarkleid ist schwarz mit lohfarbenem Brand.

Die äußerst muskulöse, kräftige Rasse stammt aus der württembergischen Stadt Rottweil, wo sie aus regionalen Schäferhunden und Mastiffs gezüchtet und als Treib- und Hütehund eingesetzt wurde. Der Bestand nahm im Laufe des 19. Jahrhunderts drastisch ab, konnte sich aber durch die Bemühungen von Liebhabern und Organisationen, die das Potenzial der Rasse in diversen Aufgabenbereichen erkannten, vor allem für die Polizei- und Militärarbeit, wieder erholen. Heute ist der Rottweiler in ganz Europa verbreitet, vor allem aber in den USA erfreut sich die Rasse großer Beliebtheit. Während der Rottweiler in manchen Ländern hautsächlich als Wach- und Begleithund gilt, wird er in anderen als Zug- und Rettungshund bei der Bergwacht eingesetzt. Im Allgemeinen ist er friedlich, kann aber territorial und dominant sein und ist einem unerfahrenen Halter nicht zu empfehlen.

BORDEAUXDOGGE

Dieser auch als Französischer Mastiff bekannte, massig gebaute Hund gehört zu den ältesten französischen Hunderassen. Er stammt von alten Mastifftypen ab und wurde für die Wildschweinjagd, als Kriegs- und Kampfhund, Bullen- und Bärenbeißer, Hüte- und Wachhund eingesetzt. Früher unterschied man zwischen drei Varietäten: Paris-, Toulouse- und Bordeauxdogge. Von Letzterer stammen die heutigen, nach dem Zweiten Weltkrieg fast ausgestorbenen Bordeauxdoggen ab. Der einst wesentlich aggressivere Hund erhielt durch selektive Weiterzüchtung ein ausgeglicheneres Wesen. Die Bordeauxdogge verhält sich sehr treu und sanftmütig gegenüber ihr vertrauten Personen, kann allerdings Fremden und anderen Hunden gegenüber streitlustig sein. Auch wenn die Rasse im Allgemeinen als recht zäh gilt, ist bei der Geburt durch den massigen Schädel der Welpen oftmals ein Kaiserschnitt notwendig.

WIDERRISTHÖHE: 58–71 cm
GEWICHT: 45–68 kg
LEBENSERWARTUNG: 10–12 Jahre
URSPRUNG: Frankreich
BESCHREIBUNG: relativ kurzer, stämmiger Mastiff mit sehr großem Kopf. Der Unterkiefer ist aufwärts gebogen, die Ohren hängend, die Rute lang und verjüngt sich zur Spitze. Das kurze Haarkleid kommt in Braunschattierungen mit schwarzer oder roter Maske vor, oft mit weißen Brustabzeichen oder Socken.

ENGLISH BULLDOG

Die britische Nationalrasse, der Bulldog, wurde ursprünglich aus kräftigen Mastifftypen als Bullenbeißer (daher der Name) gezüchtet. Als 1835 das Bullenbeißen verboten und Hundekämpfe immer beliebter wurden, wurde Terrierblut eingekreuzt, um den wendigeren Bullterrier zu züchten; der Bulldog hingegen verlor an Beliebtheit. Einige Züchter unternahmen allerdings große Anstrengungen, um den Fortbestand der Rasse zu sichern, und viele Jahre selektiver Züchtung brachten den weniger aggressiven, aber immer noch stattlich aussehenden Bulldog hervor, wie wir ihn heute kennen. Der sehr anhängliche Hund wird oft als eine der sanftmütigsten Rassen betrachtet, was ihn zu einem guten Familiengefährten macht. Leider haben Bulldogs nicht selten eine Unverträglichkeit gegen viele Nahrungsmittel und Atemprobleme. Welpen müssen wegen ihres massigen Schädels oft mit Kaiserschnitt auf die Welt gebracht werden.

Widerristhöhe: 30–41 cm
Gewicht: 22–25 kg
Lebenserwartung: 8–10 Jahre
Ursprung: Großbritannien
Beschreibung: kleiner, kompakter, aber sehr muskulöser Hund mit relativ großem Kopf, kurzem, boxerähnlichem Fang und loser Haut. Die Ohren sind in der Regel nach hinten fallend. Die Rute ist kurz. Das kurzhaarige Fell kann rot, falbfarben, weiß, gestromt oder eine Mischung dieser Farben sein.

AMERICAN BULLDOG

WIDERRISTHÖHE: 50–71 cm
GEWICHT: 27–54 kg
LEBENSERWARTUNG: 12–15 Jahre
URSPRUNG: USA
BESCHREIBUNG: kompakter und muskulöser Hund mit kräftiger Schulter- und Halspartie, massigem Kopf und Gebiss und einer sich zur Spitze verjüngenden Rute. Das kurze Haarkleid kann gestromt, braun, rot oder lohfarben sein, mit großen weißen Abzeichen.

Die genaue Abstammung des American Bulldogs lässt sich nicht mit Sicherheit bestimmen. Man kann jedoch davon ausgehen, dass einer seiner Vorfahren der Gebrauchs-Bulldog ist, der wiederum von alten Mastifftypen abstammt und mit den ersten Siedlern von Großbritannien nach Nordamerika gelangte. Später wurden Bulldogs, die nach dem Verbot des Bullenbeißens in Großbritannien 1835 nach Amerika exportiert wurden, eingekreuzt. In den 1940er-Jahren war der American Bulldog fast ausgestorben, doch der Bestand konnte sich erholen. Der American Bulldog gilt immer noch als Gebrauchshund, ist aber auch ein nützlicher Jagd-, Wach- und Hofhund. Er ist ein lebendiges und anhängliches Haustier, kann aber Fremden oder anderen Tieren gegenüber mit instinktiver Aggressivität reagieren. Er benötigt viel Auslauf.

BOXER

Der Boxer wurde in Deutschland aus zwei Mastifftypen entwickelt, die ursprünglich für die Hochwildjagd und für das Bullen- und Bärenbeißen eingesetzt und mit dem English Bulldog gekreuzt wurden. Der Boxer wurde zunächst ebenfalls zum Bullenbeißen und als Wachhund gehalten. In der Folge erzielte man durch Weiterzüchtung einen agileren, weniger aggressiven und folgsameren Hund, der als Polizei- und Militärhund, bei Such- und Rettungsarbeiten und als Blindenhund seinen Einsatz fand. Heute gilt der Boxer als treuer und liebevoller Familiengefährte. Zwar ist er normalerweise überhaupt nicht aggressiv, doch hat er ein unbändiges und neugieriges Wesen und sollte früh sozialisiert werden, damit er als erwachsenes Tier nicht zu dominant oder eigensinnig wird. Seinen Namen hat er von seiner Neigung, die Vorderläufe zum Spielen oder Kämpfen einzusetzen.

Wideristhöhe: 53–63 cm
Gewicht: 23–32 kg
Lebenserwartung: 12–14 Jahre
Ursprung: Deutschland
Beschreibung:
schlanker, aber gut bemuskelter mastiffähnlicher Hund mit breitem Brustkorb, leicht aufwärts gebogenem Unterkiefer und Hautfalten am Schädel. Das kurze und glatte Haarkleid ist in der Regel rot, gelb oder gestromt, häufig mit schwarzer Maske und weißen Abzeichen. Früher wurde die Rute ganz kupiert.

TOSA INU

Auch als Tosa Ken oder als Japanischer Kampfhund bekannt, wurde dieser kraftvolle Mastifftyp, wie der Beiname schon besagt, ursprünglich als Kampfhund gezüchtet. Er wurde aus einer Kreuzung von einheimischen Kochi- und Shikoku-Hunden entwickelt. Später wurden europäische Rassen wie Dogge, Bulldog, Bullterrier und verschiedene Mastiffs eingekreuzt, woraus diese massige, agile und unnachgiebige Rasse entstand. In Japan gezüchtete Tosas sind in der Regel kleiner als die im Westen. Diese eher seltene Rasse wurde in einigen Ländern erst jüngst wiederentdeckt, während sie in anderen verboten wurde. In Deutschland ist die Rasse in vielen Bundesländern von der Kampfhundeverordnung betroffen. Mit einer konsequenten Erziehung und Kontrolle ist der Tosa ein ausgezeichneter Wach- und Familienhund; anderen Hunden kann er allerdings aggressiv begegnen. Er braucht eine starke und erfahrene Führung.

WIDERRISTHÖHE: 61–66 cm
GEWICHT: 38–90 kg
LEBENSERWARTUNG: 10–12 Jahre
URSPRUNG: Japan
BESCHREIBUNG: großer Mastifftyp mit breitem Schädel, quadratischer Schnauze und loser Haut am Hals. Die Behänge sind klein, die Rute ist am Ansatz sehr dick und verjüngt sich zur Spitze hin. Das Haarkleid ist kurz, hart und dicht und normalerweise rot, kann aber auch schwarz, schwarz und lohfarben, falbfarben, gestromt oder mehrfarbig sein.

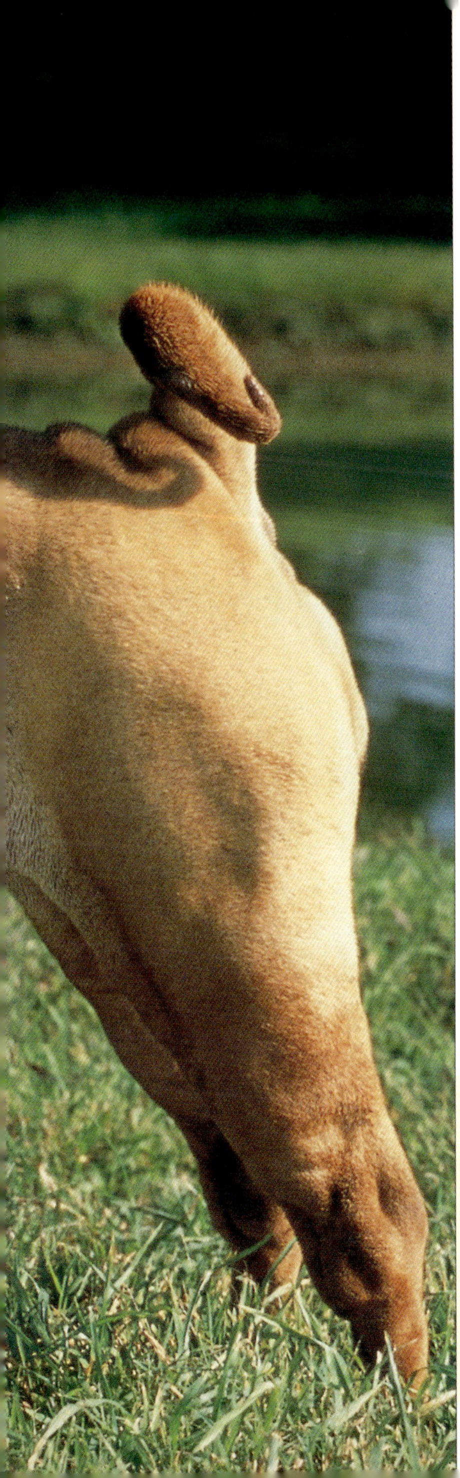

SHAR PEI

Zwar ist der genaue Ursprung des Shar Peis oder Chinesischen Faltenhundes ungeklärt, man nimmt jedoch an, dass er das Ergebnis einer Kreuzung von alten Mastifftypen mit nordischen Jagdhunden ist; auch eine Verbindung zum Chow-Chow wird wegen seiner blauschwarzen Zunge vermutet. Eine gewisse Ähnlichkeit gibt es gewiss zwischen der „Bärenfell"-Varietät des Shar Peis und dem Chow-Chow, wobei Letzterer als viel ältere Rasse gilt. Der größte Unterschied besteht in der stark gefalteten Haut und dem rauen Fell (sein Name bedeutet wörtlich übersetzt „Sandhaut"), das wohl wegen der Hundekämpfe herausgebildet wurde, für die diese Rasse ursprünglich in großem Umfang gezüchtet wurde. Der Shar Pei diente aber auch als Jagd-, Hof- und Wachhund. In den 1970er-Jahren war er beinahe ausgestorben und galt offiziell als weltweit seltenster Hund. Aber der Aufruf eines Züchters in Hongkong erregte im Westen Aufmerksamkeit und sicherte den Fortbestand dieses treuen, wenn auch unabhängigen Gefährten.

WIDERRISTHÖHE: 46–51 cm
GEWICHT: 18–27 kg
LEBENSERWARTUNG: 8–10 Jahre
URSPRUNG: China
BESCHREIBUNG: recht großer, kräftig gebauter Hund mit breitem Fang und stark faltiger Haut. Die kleinen Ohren klappen nach vorn, die Rute ist hoch angesetzt und eng gerollt. Es gibt drei Fellvarietäten: ein raues „Pferdefell", ein glatteres „Bürstenfell" und ein langes „Bärenfell". Die Farben reichen von Sand bis Schwarz.

KOMONDOR

WIDERRISTHÖHE: 65–81 cm
GEWICHT: 36–59 kg
LEBENSERWARTUNG: 10–12 Jahre
URSPRUNG: Ungarn
BESCHREIBUNG: sehr großer Hund mit auffälligem, in Schnüren fallendem Fell. Kopf und Fang sind schwer und gedrungen. Die Behänge und die relativ lange Rute sind beide unter dem Haarkleid verborgen.

Wie sein naher Verwandter, der Puli, hat auch der Komondor ein sehr auffälliges, in Schnüren fallendes Haarkleid. Beide Rassen könnten von einem alten tibetanischen Vorfahren abstammen, der mit den nomadischen Magyaren nach Ungarn gelangte. Eine andere Vermutung ist, dass der Komondor ein direkter Abkömmling des Kaukasischen Owtscharkas ist. Er wurde als Hütehund eingesetzt, und sein dichtes Fell bot Schutz gegen Raubtiere und die Unbilden des Wetters. Die Fellschnüre bilden sich etwa ab dem neunten Lebensmonat, sind bis zum zweiten Jahr voll entwickelt und können bei einem fünf Jahre alten Tier bis zum Boden reichen. Der Komondor hat einen ausgeprägten Beschützerinstinkt und sollte möglichst jung sozialisiert werden, damit er später Fremden gegenüber keine Aggressivität zeigt.

ANATOLISCHER HIRTENHUND

Der Anatolische Hirtenhund, auch als Karabash („schwarzer Kopf") oder Türkischer Wachhund bekannt, ist eine sehr alte Rasse, die aus Kleinasien stammt, wo er seit tausenden von Jahren als Hirten- und Hütehund eingesetzt wird und die Herden vor Raubtieren wie Bären und Wölfen schützt. Der Anatolische Hirtenhund hat einen ausgeprägten Beschützerinstinkt, der ihn zu einem treuen Familien- und guten Wachhund macht. Er ist allerdings auch sehr unabhängig und kann Fremden gegenüber zurückhaltend und anderen Hunden gegenüber aggressiv sein. Deshalb sind eine frühe Sozialisation und ein Gehorsamstraining anzuraten. Der kräftig gebaute Hund ist schnell und beweglich und wird als Hütehund, aber auch bei der Jagd, für Such- und Rettungsdienste und vom Militär eingesetzt.

WIDERRISTHÖHE: 70–80 cm
GEWICHT: 36–68 kg
LEBENSERWARTUNG: 12–15 Jahre
URSPRUNG: Türkei
BESCHREIBUNG: große, gut bemuskelte Rasse mit breitem Kopf und rechteckigem Fang. Die dreieckigen Behänge sind relativ klein und dürfen in der Türkei noch kupiert werden. Ist der Hund aufmerksam, wird die Rute über der Rückenlinie getragen. Das Fell ist von mittlerer Länge und normalerweise falbfarben mit dunkler Maske. Weiße und gestromte Varietäten kommen vor.

KUVASZ

Der Kuvasz wurde in Ungarn entwickelt und hat mit seinem wahrscheinlichen Verwandten, dem Komondor, einen gemeinsamen Vorfahren, der über die Türkei aus Tibet nach Europa gelangte und wohl auch an der Entwicklung anderer hoch gewachsener Hütehunderassen beteiligt war wie der des Pyrenäen-Berghundes, des Maremmen-Abruzzen-Schäferhundes, des Akbashs und des Anatolischen Hirtenhundes. Diese kräftige Rasse wurde nicht nur als Hirtenhund, sondern auch bei der Bären- und Wildschweinjagd eingesetzt. Heute jedoch wird er zumeist als Begleit- oder Wachhund gehalten. Der Kuvasz ist intelligent, hat einen ausgeprägten Beschützerinstinkt, ist aber auch sehr unabhängig und sollte schon jung sozialisiert werden, da das erwachsene Tier sonst zu territorial und dominant werden und sich besonders anderen Hunden gegenüber aggressiv verhalten kann. Der Kuvasz braucht außerdem regelmäßig und viel Auslauf, will man verhindern, dass das Tier unruhig wird und sich destruktiv verhält.

WIDERRISTHÖHE: 65–81 cm
GEWICHT: 36–59 kg
LEBENSERWARTUNG: 10–12 Jahre
URSPRUNG: Ungarn
BESCHREIBUNG: sehr großer Hund mit auffälligem, gewelltem weißem Haarkleid. Kopf und Fang sind schwer und relativ kurz. Die dreieckigen Behänge liegen an, die lange Rute ist mit gewelltem, mitunter recht langem Haar bedeckt.

GROSSER SCHWEIZER SENNENHUND

Wie sein Name schon besagt, stammt dieser Hund aus den Schweizer Alpen, wo er über hunderte von Jahren als Zug- und Hirtenhund gebraucht wurde. Er ist den anderen Schweizer Sennenhunden – Appenzeller, Entlebucher und Berner – sehr ähnlich, jedoch hebt er sich durch seine Größe von ihnen ab. Wie die anderen drei Rassen stammt er von alten Mastifftypen ab, die mit den Römern in das Gebiet der heutigen Schweiz gelangten und auch bei der Entwicklung des Bernhardiners eine Rolle gespielt haben dürften. Ironischerweise führte die Beliebtheit der Rasse gleichzeitig zu einer Reduzierung ihres Bestandes. In der Folge wurden glatthaarige Bernhardinerschläge eingekreuzt, um die Bestände des Sennenhundes zu sichern. Ungeachtet seiner imposanten Erscheinung und seiner Qualitäten als Wachhund ist der Sennenhund friedfertig und genießt das Zusammenleben mit Menschen.

Widerristhöhe: 61–72 cm
Gewicht: 59–61 kg
Lebenserwartung: 10–12 Jahre
Ursprung: Schweiz
Beschreibung: großer, muskulöser Hund mit breitem Schädel, tiefem Brustkorb und länglichem Gebäude. Die Behänge sind mittelgroß und dreieckig. Die Rute ist lang. Das dichte doppelte Haarkleid ist schwarz, Brust und Läufe sind lohfarben, weiße Abzeichen auf Schnauze, Brust, Läufen und Rutenende.

PYRENÄEN-BERGHUND

WIDERRISTHÖHE: 63–81 cm
GEWICHT: 38–57 kg
LEBENSERWARTUNG: 11–13 Jahre
URSPRUNG: Frankreich
BESCHREIBUNG: sehr großer, muskulöser Hund. Der Kopf ist keilförmig mit breitem Fang. Die Behänge sind dreieckig, und die gut befederte Rute bildet einen Haken am Ende. Das dichte Haarkleid ist lang und spröde. Es kann weiß oder weiß mit lohfarbenen, grauen oder gelben Flecken sein.

Der Pyrenäen-Berghund ist eine sehr große, kraftvolle Rasse, die in den französischen Pyrenäen aus alten Mastifftypen gezüchtet wurde und mit dem Pyrenäen-Mastiff, dem Kuvasz und dem Anatolischen Hirtenhund verwandt ist. Der Berghund wurde – und wird – zum Hüten von Schafherden und zu deren Schutz vor möglichen Raubtieren wie Bären und Wölfen eingesetzt. Mittlerweile leistet er seine Dienste auch als Rettungs- und Zughund, als Familiengefährte und Wachhund. Der Pyrenäen-Berghund ist seinem Besitzer treu ergeben. Sein Temperament ist friedlicher als früher, er bleibt aufgrund seiner Größe jedoch sehr imposant und kann Fremden gegenüber zurückhaltend bzw. anderen Hunden gegenüber aggressiv reagieren. Frühe Sozialisation und Führung sind also empfehlenswert, will man ihn als Familienhund halten.

BERNER SENNENHUND

Der Berner Sennenhund, auch Dürrbächler genannt, gehört zu den vier Schweizer Sennenhunden mit ähnlichem Erscheinungsbild. Er unterscheidet sich von den anderen durch sein etwas längeres Deckhaar. Er wurde aus Schäferhund- und Mastiffschlägen gezüchtet und ursprünglich als Treib- und Wachhund, am häufigsten wohl aber als Zughund eingesetzt, der von Webern und Bauern vor Karren gespannt wurde. Auch heute noch wird er vor Handwagen für kleine Kinder gespannt, aber auch als Wachhund und für Such- und Rettungsdienste gebraucht. Er ist ein anhänglicher und aufmerksamer Gefährte. Leider ist diese Rasse anfällig für diverse Krebsarten, und in jüngster Zeit hat ihre Lebenserwartung dramatisch abgenommen.

WIDERRISTHÖHE: 58–71 cm
GEWICHT: 36–50 kg
LEBENSERWARTUNG: 6–8 Jahre
URSPRUNG: Schweiz
BESCHREIBUNG: großer, kräftig gebauter und schwerer Hund mit breitem Schädel und tiefem Brustkorb. Die Behänge sind dreieckig, die Rute lang und buschig. Das mittellange Haarkleid ist glänzend und schwarz, Fang, Läufe und Rutenende sind weiß, Gesicht und Läufe haben kastanien- oder lohfarbene Abzeichen.

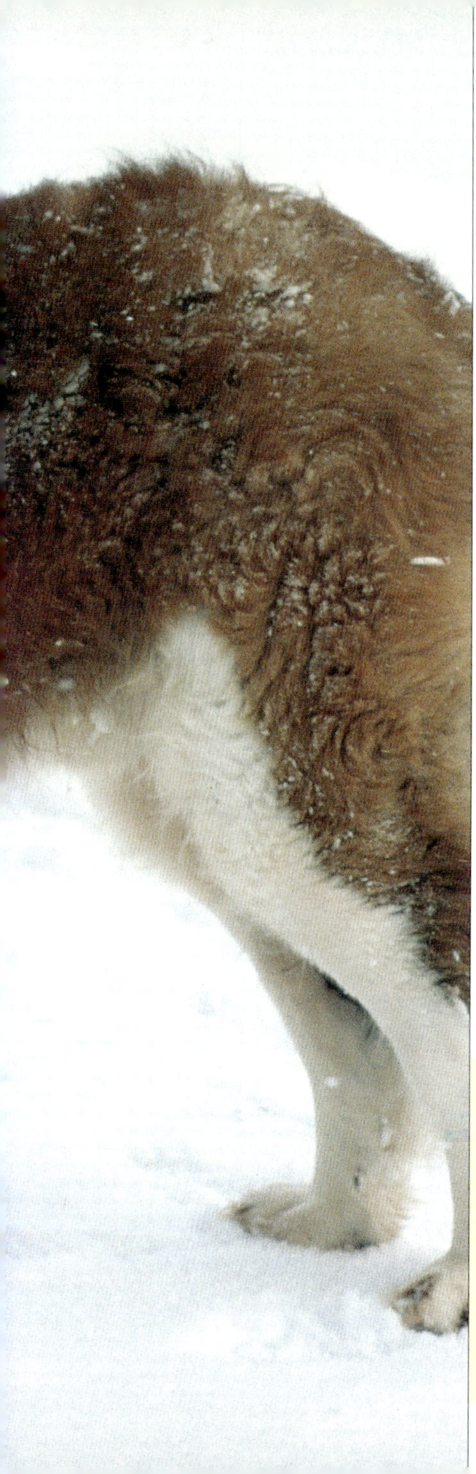

ST. BERNHARDS-HUND

Dieser Hund, meist kurz Bernhardiner genannt, ist eine alte Rasse, die aus Molossern hervorging, die mit den Römern vor etwa 2000 Jahren in die Alpen gelangten. In der Folge wurde er von Mönchen im Hospiz auf dem Großen St. Bernhard weiterentwickelt, wovon sich auch sein heutiger Name ableitet. Zunächst diente die Rasse als Wach- und Berghund und ab dem 17. Jahrhundert, wie weithin bekannt, auch als Rettungshund. Mit dem Bau des Simplontunnels 1905 zwischen der Schweiz und Italien wurden die Alpen leichter passierbar, und der Bernhardiner gewann zunehmend Bedeutung als Begleithund, auch wenn er noch heute für Rettungsdienste und Zugarbeiten eingesetzt wird. Trotz seiner imposanten Erscheinung ist der Bernhardiner ein sehr friedfertiges und anhängliches Tier, das sich leicht führen lässt.

WIDERRISTHÖHE: 65–90 cm
GEWICHT: 54–91 kg
LEBENSERWARTUNG: 10–12 Jahre
URSPRUNG: Schweiz
BESCHREIBUNG: sehr großer, muskulöser Hund mit massigem Kopf und Fang sowie recht großen Behängen. Die Rute ist lang und hoch angesetzt. Man unterscheidet zwischen der Kurz- und der Langhaarvarietät. Beide haben ein dichtes, weißes Haarkleid mit lohfarbenen, roten, mahagonifarbenen und schwarzen Abzeichen in unterschiedlichen Kombinationen.

NEUFUND-LÄNDER

Zwar ist diese Rasse nach der kanadischen Insel benannt, doch ist nicht zweifelsfrei geklärt, ob sie tatsächlich von dort stammt oder sich nicht eher aus dem großen schwarzen Bärenhund entwickelt hat, der mit den Wikingern oder später mit europäischen Siedlern und Fischern nach Kanada gelangte. Eine andere Vermutung ist, dass es sich bei dem Neufundländer um einen nahen Verwandten des Labrador Retrievers handelt, denn auch wenn der Neufundländer wesentlich größer ist, haben die beiden Rassen viele Gemeinsamkeiten, unter anderem die Zwischenzehenhaut und die Liebe zum Wasser. Beide Rassen wurden ursprünglich von Fischern als Helfer beim Einbringen der Netze und bei der Suche nach verlorenem Gerät eingesetzt. Neufundländer retteten auch etliche über Bord gegangene Seeleute, außerdem wurden sie als Zugtiere auf Fischmärkten eingesetzt. Heute jedoch trifft man sie zumeist als Begleithund an.

WIDERRISTHÖHE: 63–74 cm
GEWICHT: 45–68 kg
LEBENSERWARTUNG: 8–10 Jahre
URSPRUNG: Kanada
BESCHREIBUNG: massiger Hund mit breitem, schwerem Schädel und relativ kurzem, quadratischem Fang. Die Behänge sind dreieckig. Die Rute ist lang und buschig. Das dichte, mittellange Haarkleid ist schwarz, weiß-schwarz oder braun bis bronzefarben.

DO KHYI

WIDERRISTHÖHE: 61–71 cm
GEWICHT: 64–78 kg
LEBENSERWARTUNG: 14–16 Jahre
URSPRUNG: Tibet
BESCHREIBUNG: kräftiger Mastifftyp mit massigem Schädel. Die Ohren hängen herab, und die gut befederte Rute wird normalerweise gerollt über der Rückenlinie getragen. Das mittellange Fell ist dicht mit mähnenartigem Kragen. Normalerweise ist es dunkel mit goldenen oder lohfarbenen Abzeichen.

Die Existenz dieser Rasse, auch Tibet-Dogge oder Tibet-Mastiff genannt, geht in ihren frühesten Formen bis in die Stein- oder Bronzezeit zurück. Sie gelangte mit dem Heer Alexanders des Großen nach Europa und gilt als Vorfahre der meisten, wenn nicht aller europäischen Mastifftypen. In Tibet selbst war der Do Khyi jahrhundertelang isoliert und blieb so weitgehend unbekannt und unverändert, bis er im 19. Jahrhundert nach Großbritannien gelangte, wo er verfeinert und standardisiert wurde. Ursprünglich wurde der Do Khyi als Hütehund eingesetzt und war aufgrund seiner imposanten Statur, seiner Furchtlosigkeit und seines Beschützerinstinkts auch ein ausgezeichneter Wachhund. Grundsätzlich ist er ein gutmütiges, anhängliches und ausgeglichenes Tier. Seine aggressiven Neigungen wurden durch gezielte Weiterzüchtung reduziert.

ALASKAN MALAMUTE

Der Alaskan Malamute zählt zu einer der ältesten nordischen oder arktischen Schlittenhunderassen. Er ist ein Nachfahre des Arktischen Wolfes und nach dem Eskimostamm der Mahlemiut Inuit benannt, die den Hund vor Jahrtausenden domestizierten. Er wurde vor Schlitten gespannt, auf denen die Indianer ihre Nahrungsmittel und andere Güter transportierten. In jüngerer Vergangenheit war der Hund auch bei mehreren erfolgreichen Arktis-Expeditionen mit von der Partie. Er ist für solche Aufgaben bestens geeignet, denn er verfügt über Kraft und Ausdauer und ist durch sein dichtes, doppeltes Haarkleid gut an die arktischen Witterungsverhältnisse angepasst. Die freundliche und gesellige Rasse ist auch ein geeignetes Haustier, benötigt aber eine feste Führung und sehr viel Bewegung.

WIDERRISTHÖHE: 56–71 cm
GEWICHT: 36–54 kg
LEBENSERWARTUNG: 12–15 Jahre
URSPRUNG: USA
BESCHREIBUNG: großer, kräftig gebauter Schlittenhund mit breitem Brustkorb, Schädel und Fang, aufrechten Ohren und buschiger Rute, die typischerweise über der Rückenlinie getragen wird. Das dichte Haarkleid variiert zwischen hellem Grau und Schwarz, gelegentlich mit rötlichen Schattierungen. Die Unterlinie ist weiß.

SIBERIAN HUSKY

Der Sibirische Husky stammt aus den nördlichsten Regionen Russlands, wo er jahrhundertelang von den Tschuktschen vor allem als Schlittenhund, aber auch zum Hüten von Rentierherden und als Wachhund eingesetzt wurde. Äußerlich ist die Rasse anderen Schlittenhunden wie dem Eskimohund und Malamute ähnlich, doch ist der Siberian Husky kleiner und wesentlich leichter. Er ist aber ebenso in der Lage, die für diese Hundeart typischen Aufgaben zu übernehmen – sogar wesentlich schneller und vielleicht auch ausdauernder. Genau diese Eigenschaften lenkten die Aufmerksamkeit außerhalb seiner Heimat auf diesen Hund, und 1909 gelangte die Rasse nach Alaska, wo sie ihre Qualitäten in verschiedenen Distanz-Schlittenrennen, beim Transport von Fellen und medizinischem Material und bei Polarexpeditionen unter Beweis stellen konnte. Der Siberian Husky ist sehr gesellig und deshalb nicht nur als Gebrauchshund gefragt, sondern auch als Gefährte.

WIDERRISTHÖHE: 51–61 cm
GEWICHT: 16–27 kg
LEBENSERWARTUNG: 12–14 Jahre
URSPRUNG: Russland
BESCHREIBUNG: mittelgroßer, kompakter, wolfsähnlicher Hund mit hoch angesetzten, aufrechten Ohren und fuchsähnlicher Rute. Das Haarkleid ist dicht und reicht farblich von Schwarz bis zu reinem Weiß, mit grauen, braunen oder roten Zeichnungen in unterschiedlichen Kombinationen.

KANADISCHER ESKIMOHUND

WIDERRISTHÖHE: 50–69 cm
GEWICHT: 27–48 kg
LEBENSERWARTUNG: 10–12 Jahre
URSPRUNG: Kanada
BESCHREIBUNG: kräftiger spitzartiger Hund. Hals und Läufe sind muskulös, die dreieckigen Ohren stehen aufrecht. Die Rute wird gerollt über der Rückenlinie getragen. Sein dichtes und wetterresistentes Haarkleid ist schwarz, weiß, grau, loh- und falbfarben in unterschiedlichen Kombinationen.

Der auch einfach als Husky bezeichnete Hund ist größer und schwerer als sein russischer Verwandter, der Siberian Husky, und gilt auch als wesentlich ältere Rasse, die den Innuit in Alaska, Kanada und Grönland möglicherweise bereits seit tausenden von Jahren als Schlittenhund dient. Der durch sein dichtes Haarkleid gegen Witterungseinflüsse unempfindliche Hund ist auch wegen seiner Kraft und Ausdauer seit langem von Polarforschern und Landvermessern geschätzt. Das Aufkommen von Skidoos und anderen Hunderassen bedeutete für den Eskimohund in den 1970er-Jahren fast das Aussterben, doch dank engagierter Züchter und deren Unterstützer wurde der Hund während der letzten Jahre in Europa als Schlittenhund und Familienhund immer beliebter.

AMERIKANISCHER ESKIMOHUND

Dieser Hund ist ein Abkömmling des Deutschen Spitzes, der mit europäischen Auswanderern in die USA gelangte. Er wurde erstmals 1913 als eigenständige Rasse anerkannt. Vier Jahre später wurde er umbenannt, und seit dieser Zeit werden seine eigenen Rassestandards angewendet. Das hochintelligente, treue und gelehrige Tier zeichnete sich als Wachhund, beim Aufspüren von Drogen und bei Obedience-Wettbewerben aus. Richtig berühmt wurde er in Amerika wohl aber als Zirkushund bei Barnum & Bailey. Ein Mitglied der amerikanischen Eskimohundetruppe namens „Stout's Pal Pierre" war der erste Hund, der auf einem Drahtseil balancierte. Diese Rasse ist im Allgemeinen sehr anhänglich und entwickelt seinem Besitzer gegenüber einen starken Beschützerinstinkt, kann Fremden gegenüber allerdings misstrauisch sein.

Widerristhöhe: 38–48 cm
Gewicht: 8–16 kg
Lebenserwartung: 12–15 Jahre
Ursprung: USA
Beschreibung: weißer spitzartiger Hund mit spitzer Schnauze, aufrechten, dreieckigen Ohren und befederter Rute, die normalerweise über der Rückenlinie getragen wird. Das dichte Haarkleid ist weiß mit gelegentlich cremefarbenen Abzeichen. Besonders Rüden haben häufig einen mähnenartigen Kragen.

NORWEGISCHER ELCHHUND

WIDERRISTHÖHE: 46–53 cm
GEWICHT: 18–27 kg
LEBENSERWARTUNG: 12–14 Jahre
URSPRUNG: Norwegen
BESCHREIBUNG: mittelgroßer, spitzartiger Hund mit quadratischem Gebäude und keilförmigem Schädel, aufrechten Ohren und buschiger Rute, die gerollt über dem Rücken getragen wird. Das dichte Haarkleid ist grau; Maske, Ohren und Rutenende sind schwarz.

Der Norwegische Elchhund wurde zum Aufstöbern von Elchen eingesetzt und war schon vor der Zeit der Wikinger bekannt; Skelettfunde aus norwegischen Höhlen, die auf ungefähr 5000 v. Chr. datiert werden, lassen vermuten, dass die Vorfahren dieser Hunde zu den ersten domestizierten Rassen gehörten. Der Elchhund ist auch heute noch ein Jagdhund, der seine Beute mit unglaublicher Ausdauer und Hartnäckigkeit über lange Distanzen und auf schwierigem Terrain verfolgt, bevor er sie stellt und auf die Ankunft des Jägers wartet. Neben seinem Einsatz bei der Elchjagd wird er auch für die Jagd auf Hasen, Dachse, Wölfe, Bären, Luchse und Pumas verwendet und ist außerdem Schlitten-, Hirten- und Familienhund. Zwar benötigt er viel Auslauf, doch sein anhängliches, treues Wesen macht aus ihm einen ausgezeichneten Gefährten.

FINNENSPITZ

Die finnische Nationalrasse ist ein Nachfahre alter Jagdhunde, die vor ungefähr 2000 Jahren aus Zentralrussland nach Finnland gelangten. Noch heute wird der Finnenspitz für die Jagd eingesetzt, hauptsächlich auf Niederwild, wie Hasen, Kaninchen oder Eichhörnchen, und auf Federwild wie etwa den Auerhahn. Früher wurde diese furchtlose Rasse auch auf größeres Wild wie Bären angesetzt. Mit seinem ausgezeichneten Seh- und Geruchsvermögen verfolgt und stellt er große Tiere und gibt Standlaut, bis der Jäger eintrifft. Der energiegeladene, zähe und an kaltes Klima gut angepasste Hund ist verspielt und anhänglich und wurde zunehmend als Begleithund beliebt. Aufgrund seines Naturells benötigt er allerdings viel Auslauf und kann sehr bellfreudig sein, was ihm den Beinamen „jodelnder Vogelhund“ eingebracht hat.

WIDERRISTHÖHE: 38–51 cm
GEWICHT: 14–16 kg
LEBENSERWARTUNG: 12–14 Jahre
URSPRUNG: Finnland
BESCHREIBUNG: relativ kleiner spitzartiger Hund mit spitzem Fang, aufrechten Ohren und rotem bis goldfarbenem Haarkleid, das dem Tier ein fuchsartiges Aussehen verleiht. Die Rute ist stark befedert und wird gerollt über der Rückenlinie getragen.

SCHWEDISCHER LAPPHUND

Der nahe Verwandte des russischen Samojeden, der Schwedische Lapphund, ist ein mittelgroßer Spitztyp und neben dem Finnischen Lapphund eine der beiden anerkannten Lapphundrassen. Beide haben gemeinsame Vorfahren und wurden aus Hunden gezüchtet, die einst von nomadisch lebenden Lappen und Samen im Norden Europas domestiziert wurden. Die unglaublich widerstandsfähigen und ausdauernden Hunde erwiesen unschätzbare Dienste bei der Jagd und beim Hüten und Bewachen der Rentierherden, die über Jahrhunderte die Lebensgrundlage dieser Völker bildeten. Noch heute wird die Rasse als Hütehund eingesetzt. Der intelligente, anhängliche und gelehrige Hund ist mittlerweile nicht nur in seiner Heimat Schweden auch als Begleithund sehr beliebt. Der eigentlich wenig aggressive Hund neigt aber dazu, bei Fremden sehr bellfreudig zu sein, was in der Regel durch eine frühe Sozialisation eingeschränkt werden kann.

WIDERRISTHÖHE: 43–51 cm
GEWICHT: 20–21 kg
LEBENSERWARTUNG: 12–14 Jahre
URSPRUNG: Schweden
BESCHREIBUNG: kompakter spitzartiger Hund mit fuchsähnlichem Gesicht. Die dreieckigen Ohren sind aufrecht. Die Rute wird gerollt über dem Rücken getragen. Das dichte Haarkleid ist in der Regel schwarz oder rötlich, kann aber auch zweifarbig mit weißen Abzeichen sein.

SAMOJEDE

WIDERRISTHÖHE: 48–60 cm
GEWICHT: 16–30 kg
LEBENSERWARTUNG: 12–14 Jahre
URSPRUNG: Russland
BESCHREIBUNG: großer, muskulöser Spitztyp mit mittelgroßen, aufrechten Ohren und langer Rute, die gerollt über dem Rücken getragen wird. Das dichte Fell kann weiß, cremefarben oder weiß mit Biskuit sein.

Der Samojede ist ein großer spitzartiger Hund aus dem hohen Norden Russlands. Sein Name rührt von dem alten sibirischen Volk der Samojeden her, einem Nomadenstamm aus Jägern und Fischern, die diesen Hund über Jahrhunderte als Schlitten- und Hütehund für ihre Rentierherden einsetzten. Der Samojede ist ein kräftiger, muskulöser und sehr agiler Hund, der sich ausgezeichnet als Schlittenhund eignet, da er durch sein dichtes Haarkleid vor Witterungseinflüssen geschützt ist. Ende des 19. Jahrhunderts gelangte er schließlich auch nach Westeuropa. Seit dieser Zeit ist der elegante und intelligente Samojede mit seinem geselligen Wesen auch ein beliebter Ausstellungs- und Begleithund. Um seine Qualitäten zur Geltung zu bringen, ist allerdings eine bereits frühe und geduldige Führung notwendig.

NORWEGISCHER LUNDEHUND

Der Norwegische Lundehund wurde für die Papageientaucherjagd an den steilen Fjordküsten Norwegens gezüchtet. Dazu verfügt die Rasse über eine Reihe besonderer Eigenschaften, z. B. zusätzliche Zehen und Gelenke, die dem Hund beim Klettern helfen und ihn im Hals- und Schulterbereich sehr gelenkig und flexibel machen, sodass er die Nester der Papageientaucher auch an für Menschen unzugänglichen Stellen erreichen kann. Jahrhundertelang wurde er für diese Aufgabe eingesetzt, bis die Papageientaucher im 19. Jahrhundert unter Artenschutz gestellt wurden. Als Folge dessen reduzierte sich der Bestand der Rasse dramatisch, und trotz der Bemühungen einiger engagierter Züchter zählt der Lundehund heute zu den seltensten Rassen. Der intelligente, anhängliche und verspielte Lundehund ist ein guter Familiengefährte, kann aber scheu oder etwas eigensinnig werden, wenn er nicht früh sozialisiert wird.

WIDERRISTHÖHE: 30–38 cm
GEWICHT: 6–9 kg
LEBENSERWARTUNG: 11–13 Jahre
URSPRUNG: Norwegen
BESCHREIBUNG: relativ kleiner Spitztyp mit keilförmigem Schädel, sehr beweglichen aufrechten Ohren und mittellanger Rute. Das kurze und raue Haarkleid kann rotbraun mit dunklen Haarspitzen, schwarz oder grau mit weißen Abzeichen oder weiß mit schwarzen Abzeichen sein. Die Pfoten haben sechs Zehen.

MITTELSPITZ (DEUTSCHER SPITZ)

WIDERRISTHÖHE: 30–36 cm
GEWICHT: 11–12 kg
LEBENSERWARTUNG: 13–15 Jahre
URSPRUNG: Deutschland
BESCHREIBUNG: mittelgroßer Spitz mit üppigem Haarkleid. Die dreieckigen Ohren sind hoch angesetzt und aufrecht. Die befederte Rute wird gerollt über dem Rücken getragen. Die Farbpalette reicht von Creme, Grau, Braun über Schwarz, Schwarz und Weiß bis hin zu Schwarz und Lohe.

Der Mittelspitz ist, wie der Name schon andeutet, ein mittelgroßer Spitz und eine der fünf deutschen Spitzvarietäten, die vom Wolfspitz bis zum Zwergspitz reichen. Der Deutsche Spitz ist ein Nachkomme des steinzeitlichen Torfhundes und die älteste Rasse Mitteleuropas. Er wurde in der Folge von Einkreuzungen verschiedener europäischer Hütehunde verfeinert, und während andere Spitze überwiegend als Begleithunde gezüchtet wurden, hielt man den Mittelspitz gemeinhin als Gebrauchs- und Hofhund. Später entwickelte er sich auch zu einem modischen Begleithund. Heute gilt der Mittelspitz, ein aufgeweckter, verspielter und lebhafter Hund, im Allgemeinen als guter Gefährte, der sich in menschlicher Gesellschaft sehr wohl fühlt.

CHOW-CHOW

Der Chow-Chow ist ein sehr alter und ungewöhnlicher Spitztyp, und seine besonderen Merkmale wie die blaue Zunge oder die Tatsache, dass er (genau wie zentralasiatische Bären) 44 und nicht wie bei Hunden sonst üblich 42 Zähne besitzt, lassen darauf schließen, dass er von einem prähistorischen Säuger abstammen könnte, der gemeinsamer Vorfahre von Bären und Hunden ist. In China ist er seit Jahrtausenden bekannt und wurde dort für die Jagd, als Hüte-, Zug- und Wachhund eingesetzt, besonders in Klöstern, wo das Tier selektiv weitergezüchtet wurde. Der Chow-Chow kam erst im späten 18. Jahrhundert nach Europa und erfreute sich rund hundert Jahre später, im viktorianischen Zeitalter, allergrößter Beliebtheit. Zwar kann der Hund sehr eigensinnig und störrisch sein, doch wenn er früh sozialisiert wird und eine feste Führung hat, ist er ein ausgezeichneter Gefährte.

WIDERRISTHÖHE: 46–56 cm
GEWICHT: 20–32 kg
LEBENSERWARTUNG: 12–14 Jahre
URSPRUNG: China
BESCHREIBUNG: großer Hund mit breitem Schädel und Fang. Das dichte Haarkleid kann glatt oder rau und rot, zimtfarben, schwarz oder blau sein. Die kleinen Ohren und der mähnenartige Kragen verleihen der Rasse ein löwenartiges Aussehen. Die Rute wird normalerweise über der Rückenlinie getragen.

JAPAN-SPITZ

WIDERRISTHÖHE: 30–36 cm
GEWICHT: 5–6 kg
LEBENSERWARTUNG:
10–12 Jahre
URSPRUNG: Japan
BESCHREIBUNG:
weißer Spitztyp mit spitzer Schnauze, kleinen aufrechten Ohren und hoch angesetzter, gut befederter Rute, die über dem Rücken getragen wird. Das Haarkleid ist am Rumpf dicht und lang, an den Läufen kurz.

Der Japan-Spitz ist ein direkter Nachkomme des wesentlich größeren russischen Samojeden. Aufgrund seiner Größe wird er häufig mit dem Amerikanischen Eskimohund verwechselt. Letzterer allerdings ist eine jüngere Züchtung aus dem Deutschen Spitz und kann cremefarbene Abzeichen haben, während der Japan-Spitz immer ein rein weißes Haarkleid hat. Er wurde speziell als Begleithund gezüchtet, ist intelligent, schnell lernfähig und in der Regel auch gehorsam. Dennoch neigt er wie viele Spitztypen dazu, Fremden gegenüber misstrauisch zu sein, und er ist sehr bellfreudig. Zwar mögen diese Eigenschaften abschreckend wirken, doch machen sie aus dem Japan-Spitz einen guten Wachhund. In Europa wie auch in Asien ist er wegen seines grundsätzlich angenehmen Wesens als Gefährte beliebt.

AKITA

Dieser große Spitztyp, auch als Akita Inu bekannt, gilt als japanische Nationalrasse. Er stammt aus der Provinz Akita auf der Insel Honshu, wo er einst für die Jagd auf Bären und anderes Hochwild sowie als Wach- und Zughund eingesetzt wurde. Wie alle anderen Hunde in Japan war der Akita im 18. Jahrhundert gesetzlich geschützt, doch im 19. Jahrhundert flammte die Begeisterung für Hundekämpfe erneut auf, was der kraftvolle Akita zu spüren bekam. Die Bestände gingen während des Zweiten Weltkriegs weiter zurück, da die Tiere ihres Fleisches und Fells wegen getötet wurden, sodass diese Rasse fast ausgestorben wäre. Durch ein vom japanischen Züchter Ichinoseki initiiertes Zuchtprogramm konnte der Akita gerettet werden. Das starke, mutige und sehr treue Tier wird in Japan heute als Diensthund bei Polizei und Militär geführt.

Widerristhöhe: 61–71 cm
Gewicht: 34–54 kg
Lebenserwartung:
10–12 Jahre
Ursprung: Japan
Beschreibung:
muskulöser Spitztyp; Kopf und Schnauze sind keilförmig, die Ohren aufrecht und dreieckig, die Rute wird über dem Rücken getragen. Das Haarkleid kann weiß, rot, cremefarben, braun oder blau mit schwarzer Maske sein oder eine Kombination dieser Farben aufweisen.

JAGDHUNDE, LAUF- UND WINDHUNDE

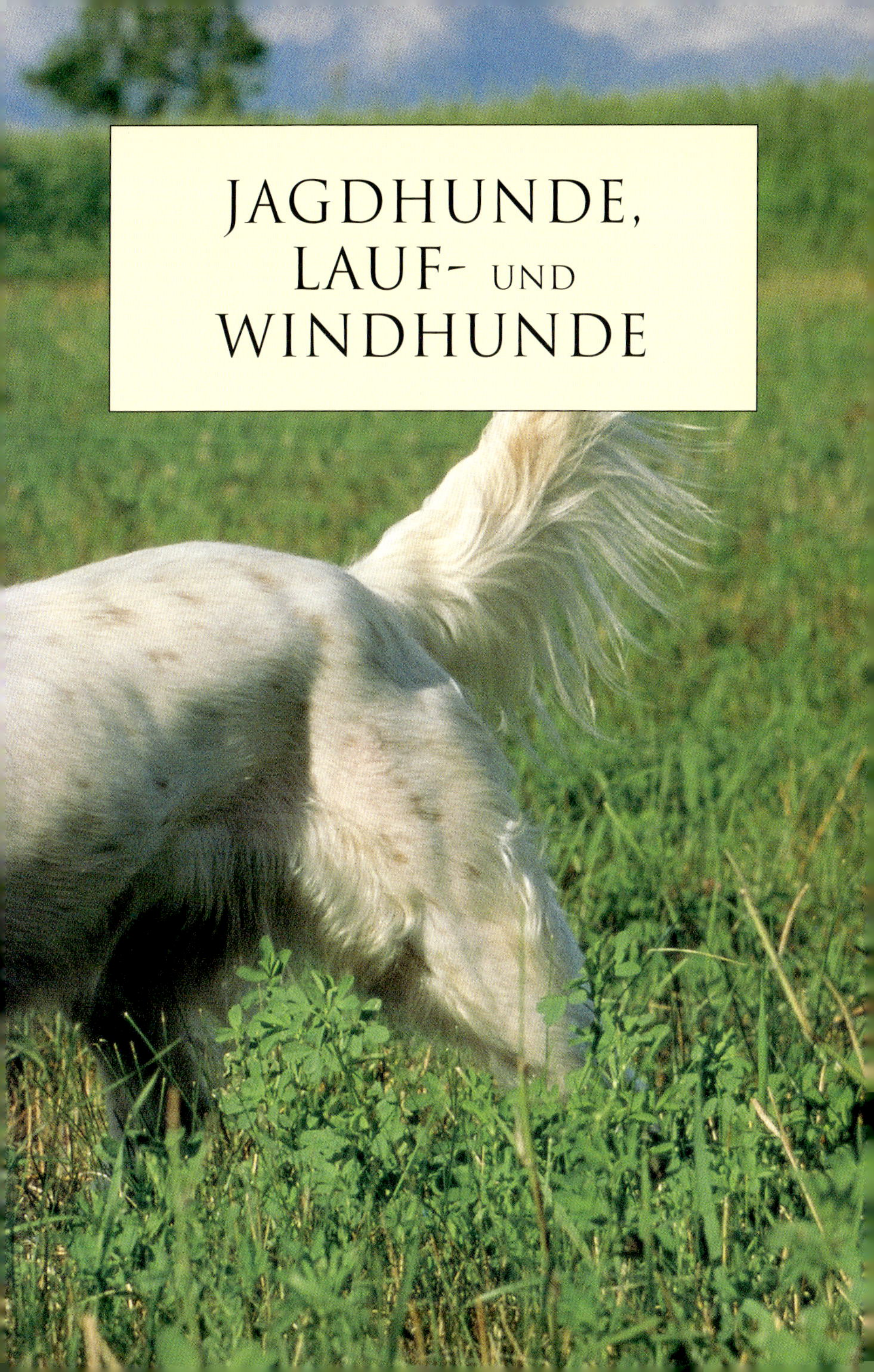

DEUTSCH-KURZHAAR

Der Deutsch-Kurzhaar wurde im 19. Jahrhundert aus mehreren Vorsteh- und Laufhundrassen gezüchtet, darunter auch dem English Pointer, mit dem Ziel, einen vielseitigeren Jagdgebrauchshund mit mehr Energie, größerer Schnelligkeit, ausgeprägterem Geruchssinn und besserem Erscheinungsbild zu entwickeln. Das Resultat ist ein universeller Vorsteh-, Spür- und Apportierhund an Land und im Wasser. Im Allgemeinen wird er für die Feder- und Niederwildjagd eingesetzt. Er hat eine schnelle Auffassungsgabe und eignet sich deshalb auch für Field- und Obedience-Wettbewerbe. Seine Intelligenz und sein freundliches Wesen machen ihn zu einem geeigneten Familienhund. Die robuste und zähe Kurzhaarrasse hat für einen Hund seiner Größe eine relativ hohe Lebenserwartung. Das äußerst aktive Tier benötigt viel Auslauf, damit er sich nicht destruktiv verhält.

WIDERRISTHÖHE: 53–64 cm
GEWICHT: 20–32 kg
LEBENSERWARTUNG: 13–15 Jahre
URSPRUNG: Deutschland
BESCHREIBUNG: schlanker, mittelgroßer Vorstehhund mit langem Fang, breiten, hoch angesetzten Behängen und einer sich zur Spitze hin verjüngenden Rute. Das Fell ist kurz und dicht und in der Regel leberfarben oder leberfarben und weiß. Es kann gefleckt oder getüpfelt sein.

DEUTSCH-DRAHTHAAR

Der Deutsch-Drahthaar ist etwas größer und robuster gebaut als der Kurzhaar, hat aber ähnliche Vorfahren – Vorsteh-, Lauf- und Wasserhunde –, zu denen sich noch Griffon Korthals, Pudelpointer und Stichelhaar gesellen. Der intelligente Drahthaar ist ein überaus vielseitiger Jagdgebrauchshund mit Vorsteh-, Stöber- und Apportierhundqualitäten, der Wild jeder Art auf unterschiedlichem Gelände sucht bzw. aufstöbert und zu Lande oder aus dem Wasser apportiert. Sein drahtiges Haarkleid schützt ihn vor Verletzungen und widrigen Witterungsbedingungen. Der anhängliche, treue und lebhafte Drahthaar ist auch ein ausgezeichneter Gefährte, braucht aber viel Auslauf, sonst kann er eigensinnig werden und zum Streunen neigen.

Widerristhöhe: 56–66 cm
Gewicht: 20–34 kg
Lebenserwartung: 12–14 Jahre
Ursprung: Deutschland
Beschreibung: auffälliger drahthaariger Vorstehhund mit langem, kräftigem Fang, Backen- und Kinnbart sowie breiten Behängen. Farbvarietäten sind Braun- oder Schwarzschimmel, jeweils mit oder ohne Platten, Braun mit oder ohne weißen Brustfleck.

WEIMARANER

Widerristhöhe: 56–69 cm
Gewicht: 22–32 kg
Lebenserwartung:
11–13 Jahre
Ursprung: Deutschland
Beschreibung: relativ großer, athletischer Hund mit auffälligem grauem Haarkleid, das kurz oder lang (glatt bzw. gewellt) ist und einen fast metallischen Glanz hat. Die Behänge sind von mittlerer Länge.

Der im 19. Jahrhundert in Weimar entwickelte Hund ist ein vielseitiger Jagdgebrauchshund. Er wurde aus Kreuzungen zwischen Spür- und Vorstehhunden gezüchtet und ursprünglich für die Bären- und Wildschweinjagd eingesetzt. Der Weimaraner ist ein ausgezeichneter Vorsteh- und Apportierhund, der nach der Dezimierung der Hochwildbestände auch für die Niederwildjagd eingesetzt wird. Lange war die Rasse außerhalb Deutschlands nicht zu finden, erst im frühen 20. Jahrhundert gelangte sie nach Österreich und in die USA, später nach Großbritannien. Der Weimaraner ist ein überaus aktives Tier und benötigt sehr viel Auslauf. Er kann gelegentlich etwas eigensinnig sein; erhält er aber schon früh eine starke Führung, wird aus ihm ein treuer und anhänglicher Gefährte.

GROSSER MÜNSTERLÄNDER

Der Große Münsterländer wurde im 19. Jahrhundert wahrscheinlich aus dem Deutsch-Langhaar gezüchtet, dessen Rassestandard lediglich leberfarben-weiße Hunde zuließ. Ungeachtet der Farbe waren diese schwarz-weiß gescheckten Tiere sehr gute Jagdhunde. So wurde nach und nach eine Rasse mit eigenen Standards entwickelt und mit der Gründung eines Zuchtvereins 1919 anerkannt. Der intelligente, gehorsame und arbeitsame Große Münsterländer ist ein guter Spür-, Vorsteh- und Apportierhund. Er wird jedoch nicht nur als Jagdgebrauchshund geschätzt, sondern wegen seines heiteren und anhänglichen Wesens auch als Familienhund. Am wohlsten fühlt sich der Münsterländer, wenn er draußen aktiv sein kann. Er bevorzugt stets die Nähe zu seinem Besitzer.

WIDERRISTHÖHE: 58–65 cm
GEWICHT: 23–32 kg
LEBENSERWARTUNG: 12–14 Jahre
URSPRUNG: Deutschland
BESCHREIBUNG: muskulöser, setterähnlicher Hund mit langem, dichtem und auf Brust, an Läufen und Rute gut befedertem Haarkleid. Die Rute wird in der Regel horizontal getragen. Die Behänge sind breit. Das Fell ist typischerweise weiß mit schwarzen Platten, Flecken oder Tupfen.

EPAGNEUL BRETON

Der Epagneul Breton oder Bretonische Spaniel wurde im 19. Jahrhundert im bretonischen Callac gezüchtet und ist das Resultat einer Kreuzung lokaler Spaniels mit Settern und Pointern, die von britischen Jägern nach Frankreich gebracht worden waren. Der Epagneul gilt als der einzige Vorstehhund unter den Spaniels, und aufgrund seiner Vielseitigkeit als Vorsteh-, Stöber- und Apportierhund ist er in Frankreich der beliebteste Jagdhund. Auch in den USA erfreut sich diese hauptsächlich für die Federwildjagd eingesetzte Rasse großer Beliebtheit als Jagd-, aber auch als Familienhund. Der Epagneul Breton ist in der Regel sehr anhänglich und pflegeleicht. Aufgrund seiner Jagdhundeigenschaften ist er allerdings sehr aktiv und benötigt viel Auslauf, andernfalls neigt er zum Streunen.

Widerristhöhe: 43–53 cm
Gewicht: 14–18 kg
Lebenserwartung: 12–14 Jahre
Ursprung: Frankreich
Beschreibung: mittelgroßer, kompakter, aber recht hochläufiger Hund mit leicht befedertem Haarkleid. Die dreieckigen Behänge sind relativ hoch angesetzt. Die Rute ist relativ kurz. Die Fellfarben reichen von Orange und Weiß, Leber und Weiß bis zu Schwarz und Weiß, rötlich Grau oder Trikolor.

ENGLISH SETTER

WIDERRISTHÖHE: 58–69 cm
GEWICHT: 20–36 kg
LEBENSERWARTUNG: 12–14 Jahre
URSPRUNG: Großbritannien
BESCHREIBUNG: eleganter Setter mit relativ langem quadratischem Fang, langen Behängen und sich zur Spitze verjüngender Rute. Rute, Läufe und Unterlinie sind befedert, das Haarkleid ist seidig glänzend. Es ist weiß, mit blauer, zitronengelber, orangefarbener oder brauner Tüpfelung.

Der English Setter ist eine elegante Rasse, die sowohl als Jagdgebrauchs- wie auch als Ausstellungshund und Familiengefährte beliebt ist. Er ist ein Nachkomme spanischer Spaniels, möglicherweise auch früher Wasserspaniels, Pointer und Springer-Spaniel-Typen. Seine jüngere Entwicklung ist gut dokumentiert, und die heutige Form des English Setters ist wohl den Anstrengungen Sir Edward Laveracks zu verdanken, der im frühen 19. Jahrhundert ein Zuchtprogramm aufstellte. Mancherorts ist der Hund denn auch als Laverack Setter bekannt. Die Bezeichnung „Setter“ leitet sich vom englischen Wort „setting“ ab, der kauernden Position, die der Hund einnimmt, wenn er das Wild aufgestöbert hat. Draußen in der Natur ist der Setter oft sehr lebendig, im Haus in der Regel aber friedlich, doch sollte er täglich ausreichend Auslauf bekommen.

GORDON SETTER

Der Gordon Setter wurde in Banffshire in den schottischen Highlands vom vierten Duke of Gordon gezüchtet. Er wurde eingesetzt, um Federwild in den schottischen Hochmooren aufzustöbern, zu jagen und zu apportieren. Spanische Pointer und verschiedene Spanielrassen bilden den Grundstock dieser Rasse, außerdem haben Collies und Bluthunde zu seiner Entwicklung beigetragen. So wurde aus dem Gordon Setter ein ausdauernder, intelligenter Hund, ausgestattet mit einem exzellenten Geruchssinn. Zur Verfeinerung der Rasse wurde später Irish-Setter-Blut eingekreuzt. Während der Gordon Setter Ende des 19. Jahrhunderts noch ein überaus beliebter Jagdhund war, nahmen seine Bestände bis Mitte des 20. Jahrhunderts ab. In den letzten Jahren erlebte diese Rasse so etwas wie eine Renaissance als Jagdgebrauchs-, Ausstellungs- und Familienhund.

Widerristhöhe: 58–68 cm
Gewicht: 22–34 kg
Lebenserwartung: 10–12 Jahre
Ursprung: Großbritannien
Beschreibung: recht großer und robuster Setter mit tiefem Brustkorb und langem, quadratischem Fang. Die Behänge sind lang und leicht spitz zulaufend. Die sich zur Spitze hin verjüngende Rute ist gut befedert. Das seidige Haarkleid kann glatt oder gewellt sein mit Befederung an Läufen, Unterlinie und Behängen. Es ist schwarz mit lohfarbenem Brand.

IRISH SETTER

Auch als Irischer Roter Setter bekannt, lässt sich diese Rasse leicht durch ihr üppiges kastanienbraunes Haarkleid von anderen Settern unterscheiden. Der Irish Setter wurde im 18. und 19. Jahrhundert aus einer Reihe von Spaniel-, Setter- und Pointerrassen entwickelt, darunter auch der Irish Water Spaniel und der Gordon Setter. Er ist ein ausgezeichneter Jagdhund, der überwiegend zum Vorstehen bzw. Stöbern und zum Apportieren von Federwild auf unterschiedlichem Gelände eingesetzt wurde. Außerdem wird der Irish Setter für Such- und Rettungsdienste und als Blindenhund eingesetzt; überdies ist er ein beliebter Ausstellungs- und Familienhund. Der großen Energie und seiner unabhängigen Natur wegen kann der Irish Setter in der Führung etwas schwieriger sein als andere Setterrassen und benötigt sehr viel Auslauf. Die Rasse macht sich aber hervorragend bei Obedience-Wettbewerben und ist ein dankbarer Gefährte.

WIDERRISTHÖHE: 61–71 cm
GEWICHT: 25–34 kg
LEBENSERWARTUNG: 12–14 Jahre
URSPRUNG: Irland
BESCHREIBUNG: eleganter Setter mit langem Fang, langen Behängen und recht langem, seidig glänzendem kastanienbraunem Haarkleid. Brust, Unterlinie, Läufe und Rute sind stark befedert, das Kopfhaar hingegen ist kurz.

ENGLISH POINTER

Der English Pointer ist ein Nachkomme alter spanischer, möglicherweise auch italienischer Pointerrassen, die im 18. Jahrhundert weiterentwickelt und mit Fox- und Greyhounds gekreuzt wurden, um Ausdauer und Schnelligkeit zu verbessern. Aber auch Setter, Neufundländer und sogar Bulldogs stehen wahrscheinlich in der Ahnenreihe. Der Name „Pointer" leitet sich von der anzeigenden Position („to point") ab, die der Hund beim Vorstehen einnimmt: horizontal ausgerichtete Rute, lang nach vorn gestreckter Körper und ein leicht angehobener Vorderlauf. Ursprünglich wurde der Pointer zusammen mit Greyhounds zur Hasenhatz eingesetzt, später hauptsächlich zur Suche von Federwild. Wenn auch das Apportieren nicht typisch für den Pointer ist, so gilt er dennoch als ausgezeichneter Jagdgebrauchshund. Er eignet sich hervorragend für Field-Wettbewerbe und ist aufgrund seiner Treue und Anhänglichkeit auch als Familienhund sehr beliebt.

Widerristhöhe: 58–66 cm
Gewicht: 20–30 kg
Lebenserwartung: 12–14 Jahre
Ursprung: Großbritannien
Beschreibung: großer, muskulöser und athletischer Vorstehhund mit langem, eckigem Fang. Die Behänge sind von mittlerer Größe. Die gerade Rute verjüngt sich zur Spitze hin. Das Haarkleid ist kurz und glatt. Im Allgemeinen ist es weiß mit zitronen-, orangefarbenen, leberbraunen oder schwarzen Platten und Tüpfelungen, auch einfarbig oder dreifarbig (trikolor).

AMERICAN COCKER SPANIEL

Der Amerikanische Cockerspaniel ist aus dem Englischen Cockerspaniel hervorgegangen, der im 19. Jahrhundert nach Nordamerika gelangte. Lange Zeit unterschieden sie sich lediglich durch ihre Größe, doch 1945 waren die Merkmale des kleineren American Cockers typisch genug, um als eigene Rasse anerkannt zu werden. Der American Cocker Spaniel hat einige Charakteristika mit seinem britischen Verwandten gemeinsam, doch ein dickeres, üppigeres Fell: Unterlinie, Behänge und Läufe sind deshalb stärker befedert. Der quirlige, verspielte Spaniel ist ein beliebter Familienhund. Traditionell und ursprünglich wurde die Rasse aber zum Aufstöbern und Apportieren von Federwild, vor allem von Wachteln und Schnepfen, eingesetzt. Vom englischen Wort für Schnepfe, „woodcock", leitet sich denn auch sein Name „Cocker" ab.

WIDERRISTHÖHE: 36–38 cm
GEWICHT: 10–14 kg
LEBENSERWARTUNG: 12–15 Jahre
URSPRUNG: USA
BESCHREIBUNG: kleiner, kompakter Spaniel mit rundem Kopf, breitem Fang, langen Behängen und langem, seidigem Haarkleid. Das Fell kann einfarbig sein – schwarz, creme, rot oder braun – oder mehrfarbig – weiß mit Schwarz, Creme, Rot, Braun oder Schimmel.

ENGLISH COCKER SPANIEL

Widerristhöhe: 38–41 cm
Gewicht: 12–15 kg
Lebenserwartung: 12–14 Jahre
Ursprung: Großbritannien
Beschreibung: recht kleiner, kompakter Spaniel mit langen Behängen und mittellangem Haarkleid. Die Unterlinie und Läufe sind befedert. Als Farbvarianten kommen Schwarz, Leber, Rot, rötlich Braun und Weiß mit schwarzen, leberfarbenen oder roten Abzeichen vor.

Zwar sind Spaniels seit dem 14. Jahrhundert bekannt, doch erst hundert Jahre später wurde damit begonnen, sie den verschiedenen Anforderungen entsprechend zu unterscheiden: Suchen bzw. Aufstöbern von Wild, Apportieren aus dem Wasser oder, im speziellen Fall des Cockerspaniels, Aufscheuchen von Schnepfen. In erster Linie ist der Cockerspaniel ein Jagdgebrauchshund, doch auch als Begleithund ist die Rasse beliebt, hauptsächlich aufgrund ihrer geselligen und anhänglichen Natur. Der Cockerspaniel ist leicht abzurichten und eignet sich gut für Agility- und Obedience-Wettbewerbe. Er liebt das Wasser und den freien Auslauf. Der Fellpflege sollte größere Aufmerksamkeit gewidmet werden, um zu verhindern, dass es stumpf wird, und um Kletten und Samen zu entfernen, da die Rasse sehr anfällig für Augen- und Ohreninfektionen ist.

FIELD SPANIEL

Der etwas schwerere und größere Field Spaniel wurde parallel zum English Cocker Spaniel entwickelt und in der zweiten Hälfte des 19. Jahrhunderts als eigenständige Rasse anerkannt. Wenig später allerdings war sie wegen zu geringer Züchtung schon wieder vom Aussterben bedroht, weshalb Sussex Spaniels eingekreuzt wurden. Daraus entwickelte sich ein längerer, schwererer Hund, der sich jedoch als weniger effektiv bei der Feldarbeit erwies. Der Field Spaniel wurde auf seine frühere, moderatere Form zurückgezüchtet und als Jagdgebrauchs- und Ausstellungshund eingesetzt. Er konnte nie die Popularität des Cocker oder Springer Spaniels erreichen, obwohl allgemein anerkannt ist, dass er die besten Qualitäten dieser Hunde in sich vereint und der sanfteste aller Spaniels ist. Dies macht ihn neben seiner Verwendung als Jagdhund zu einem höchst geeigneten Familienhund.

WIDERRISTHÖHE: 43–46 cm
GEWICHT: 18–25 kg
LEBENSERWARTUNG: 10–12 Jahre
URSPRUNG: Großbritannien
BESCHREIBUNG: ein mittelgroßer Spaniel mit länglichem Gebäude, langen befederten Behängen und seidigem Haarkleid, das in der Regel braun, schwarz oder geschimmelt ist, gelegentlich mit lohfarbenen Abzeichen. Läufe, Brustkorb und Unterlinie sind befedert.

ENGLISH SPRINGER SPANIEL

Der English Springer Spaniel wird als Vorfahr aller anderen britischen Spaniels angesehen und ist eine der ältesten britischen Jagdgebrauchshunderassen. Er trieb, lange bevor Gewehre für die Jagd verwendet wurden, das Wild durch seine Sprünge – daher der Name – in aufgestellte Netze. Doch ist er auch ein ausgezeichneter Apportier- und Gebrauchshund. Vom British Kennel Club wurde er 1902 als eigenständige Rasse anerkannt. Nachdem drei Jahre später die ersten Field-Wettbewerbe für Spaniels stattfanden, wurden zwei Varietäten herausgebildet: eine leichter gebaute und größere für Ausstellungszwecke und ein reiner Jagdgebrauchshund. Der English Springer Spaniel ist nicht nur ein intelligenter, anhänglicher und geselliger Familiengefährte, sondern hat sich auch als Suchhund bei der Polizei und anderen Sicherheitskräften bewährt.

Widerristhöhe: 46–56 cm
Gewicht: 18–25 kg
Lebenserwartung: 12–14 Jahre
Ursprung: Großbritannien
Beschreibung: mittelgroßer, kompakter Hund mit langen Behängen. Das mittellange, befederte Haarkleid kann leberbraun und weiß, schwarz und weiß, gelegentlich mit lohfarbenen Abzeichen, blau oder rötlich braun sein.

WELSH SPRINGER SPANIEL

WIDERRISTHÖHE: 41–48 cm
GEWICHT: 16–20 kg
LEBENSERWARTUNG: 12–14 Jahre
URSPRUNG: Großbritannien
BESCHREIBUNG: kompakter, mittelgroßer Spaniel mit seidigem, mittellangem weißem Haarkleid mit dunkelroten Platten, das glatt oder leicht gewellt sein kann und an Brust, Unterlinie, Läufen, den langen Behängen und der Rute befedert ist.

Auch wenn der Welsh Springer Spaniel als relativ alte Rasse gilt, die sich aus denselben französischen Spanielstämmen entwickelt haben könnte wie der Epagneul Breton, war er bis zum Ende des 19. Jahrhunderts außerhalb seiner Heimat Wales relativ unbekannt. Ursprünglich wurde er als Welsh Cocker Spaniel bezeichnet, bis er bei der offiziellen Anerkennung durch den British Kennel Club 1902 seinen jetzigen Namen erhielt. Die Bezeichnung „Springer" des überaus fähigen und hart arbeitenden Jagdhundes leitet sich von seinem Arbeitsstil ab, da er das Wild mit Sprüngen aus der Deckung scheucht. Außerdem ist er ein ausgezeichneter Apportierhund und ein treuer und anhänglicher Begleiter. Der Welsh Springer Spaniel ist seinem englischen Verwandten sehr ähnlich, doch etwas kleiner und leichter gebaut; das auffällige weiße Haarkleid hat rote Platten.

CLUMBER SPANIEL

Diese Rasse ist die schwerste aller Spanielhunde und nach Clumber Park im britischen Nottinghamshire benannt, wo der zweite Duke of Newcastle die Rasse im späten 18. und frühen 19. Jahrhundert entwickelte. Es wird vermutet, dass die ursprünglichen Zuchtschläge in der Zeit der Französischen Revolution von Frankreich aus nach Großbritannien gelangten. Der Clumber Spaniel war beim britischen Adel sehr beliebt und wurde zum Stöbern, Aufscheuchen und Apportieren von Federwild eingesetzt. Später wurde er auch ein beliebter Ausstellungshund. Auch wenn er nie die Popularität anderer Spanielrassen erlangt hat, weder im Ausstellungsring noch bei der Jagdarbeit, macht ihn sein anhängliches und ausgeglichenes Wesen zu einem idealen Familienhund. Auch wenn der Clumber Spaniel aufgrund seiner Größe etwas langsamer als andere Jagdhunde ist, wird er immer noch häufig für die Jagd eingesetzt.

WIDERRISTHÖHE:
41–51 cm
GEWICHT: 25–39 kg
LEBENSERWARTUNG:
10–12 Jahre
URSPRUNG:
Großbritannien
BESCHREIBUNG:
großer, massig gebauter Spaniel mit tiefem, breitem Brustkorb und relativ kurzen Läufen. Die Augen sind sehr tief gesetzt, die Behänge groß. Das Haarkleid ist stark befedert und weiß mit orange- oder zitronenfarbenen Abzeichen.

IRISH WATER SPANIEL

WIDERRISTHÖHE: 53–61 cm
GEWICHT: 20–29 kg
LEBENSERWARTUNG: 10–12 Jahre
URSPRUNG: Irland
BESCHREIBUNG: großer Spaniel mit auffällig dicht gelocktem Fell, das leberfarben mit violettem Stich ist. Die Behänge sind lang und oval. Die Rute ist kurz und kann unbehaart oder kurz- und rauhaarig sein.

Der Irische Wasserspaniel, ein großer, auffälliger Spaniel, wurde im 19. Jahrhundert in Irland von Justin McCarthy gezüchtet, der die Vorfahren der Rasse nie preisgegeben hat. Es ist jedoch wahrscheinlich, dass Pudel und irische Spanielschläge zur Entwicklung der Rasse beigetragen haben. Der Wasserspaniel wurde vor allem für die Jagd und das Apportieren von Wasservögeln wie Enten und Gänsen gezüchtet. Er besitzt ein fettiges, Wasser abweisendes Fell, hat eine natürliche Affinität zu Wasser und ist ein ausgezeichneter Schwimmer. Aber auch an Land beweist er seine Qualitäten als Apportierhund. Die hochintelligente und treue Rasse ist ebenfalls ein guter Begleit- und Wachhund, der eine starke Bindung zu seinem Besitzer aufbaut. Allerdings sollte er eine frühe Führung und Sozialisation erhalten, damit er Fremden gegenüber nicht zu misstrauisch wird. Wasserspaniels benötigen viel Auslauf.

PORTUGIESISCHER WASSERHUND

Der Cão de Agua Português gilt aufgrund seiner ausgezeichneten Apportierfähigkeiten als Jagdgebrauchshund, doch wurde er jahrhundertelang von portugiesischen Fischern unter anderem zum Einholen von Netzen, Tauen oder anderer über Bord gegangener Geräte, zur Nachrichtenübermittlung von Boot zu Boot oder vom Boot zum Land sowie als Wachhund für die im Hafen liegenden Boote eingesetzt. Der technische Fortschritt machte die Dienste des Hundes überflüssig, was dazu führte, dass die Rasse in den 1930er-Jahren vom Aussterben bedroht war, durch Zuchtprogramme aber erhalten werden konnte. Heute haben sich die Portugiesischen Wasserhunde in einigen Ländern vor allem als Begleithunde etabliert. Weil sie intelligent, einfach abzurichten und von freundlichem Wesen sind, werden sie auch als Therapie- und Assistenzhunde eingesetzt.

WIDERRISTHÖHE: 43–53 cm
GEWICHT: 16–25 kg
LEBENSERWARTUNG: 11–13 Jahre
URSPRUNG: Portugal
BESCHREIBUNG: muskulöser, mittelgroßer Hund mit großem Kopf und verlängertem Schopf, herzförmigen Behängen und einer sich zur Spitze hin verjüngenden Rute. Das Haarkleid kann kurz und gekräuselt oder länger und gewellt sein und kommt in den Farben Schwarz, Weiß oder Braun vor.

PUDEL

Gelegentlich werden die verschiedenen Pudelvarietäten in der Gruppe der Gebrauchs- oder Begleithunde zusammengefasst. Der Großpudel, Vorläufer des Klein- und Zwergpudels, wurde hauptsächlich als Wasserhund entwickelt, d.h. als Jagdhund, der bereitwillig Wild aus dem Wasser apportiert. Die traditionelle Schur sollte ursprünglich das Gewicht des Fells beim Schwimmen reduzieren, gleichzeitig aber noch Organe und Gelenke vor dem kalten Wasser schützen. Der Pudel besitzt heute nach wie vor einen ausgeprägten Jagdinstinkt und wird sogar als Trüffelhund eingesetzt. Im Allgemeinen gilt er jedoch als Begleithund. Über seinen Ursprung gibt es verschiedene Meinungen: Viele sehen ihn in Frankreich, woher mit Sicherheit die kleineren Varietäten stammen. Der Großpudel gilt aber gemeinhin als in Deutschland entwickelte Rasse, auch wenn in seinen Adern unter anderem das Blut einer französischen Rasse, des Barbets, fließt.

WIDERRISTHÖHE: 36–76 cm
GEWICHT: 20–35 kg
LEBENSERWARTUNG: 12–14 Jahre
URSPRUNG: Deutschland
BESCHREIBUNG: mittelgroßer bis großer, athletischer Hund mit langem, geradem Fang, breiten Behängen und hoch angesetzter Rute. Das üppige Haarkleid ist drahtig und gekräuselt und wird oft am ganzen Körper kurz geschoren. Oft werden auch nur die hintere Hälfte des Körpers, Oberschenkel und Rute geschoren. Das Fell ist einfarbig in vielen Farbvarietäten.

GOLDEN RETRIEVER

Der Golden Retriever wurde in den 1860er-Jahren aus Kreuzungen zwischen dem gelben Flat-coated Retriever mit dem mittlerweile ausgestorbenen Tweed Water Spaniel in Großbritannien entwickelt, wo er lange Zeit als Golden Flat-coat bekannt war. Durch Einkreuzungen von Labrador-, Irish-Setter- und Bluthundstämmen wurde die Rasse dann weiterentwickelt, um einen ausgezeichneten Jagdgefährten mit einem hervorragenden Geruchssinn zu züchten, der Federwild zu Lande und aus dem Wasser apportiert (engl.: to retrieve). Der intelligente, anhängliche und gelehrige Hund wird immer noch als Jagdhund eingesetzt und zeichnet sich regelmäßig bei Field- und Obedience-Wettbewerben aus. Häufig wird er auch als Therapie-, Blinden- und Schnüffelhund bei Polizei und Zoll eingesetzt. Seit einigen Jahren ist er ein modischer Begleithund.

Widerristhöhe: 51–61 cm
Gewicht: 25–36 kg
Lebenserwartung: 10–12 Jahre
Ursprung: Großbritannien
Beschreibung: auffälliger Retriever mit breitem Kopf und Fang, mittelgroßen Behängen und langer, gut befederter Rute. Das Haarkleid ist von mittlerer Länge. Brust und Läufe sind ebenfalls befedert. Die Farbvarianten reichen von Gold bis Creme.

FLAT-COATED RETRIEVER

WIDERRISTHÖHE: 55–58 cm
GEWICHT: 27–32 kg
LEBENSERWARTUNG: 10–12 Jahre
URSPRUNG: Großbritannien
BESCHREIBUNG: mittelgroßer, muskulöser Retriever mit relativ langem Kopf und breitem Fang. Das mittellange, schwarze oder leberfarbene Haarkleid ist dicht, fein und glatt anliegend. Brust, Läufe und Rute sind gut befedert.

Zwar handelt es sich bei diesem Retriever um eine britische Rasse, doch waren die kanadischen Labrador Retriever und Neufundländer wesentlich an seiner Entwicklung beteiligt; wahrscheinlich wurden auch Irish-Setter-, Spaniel- und Schäferhundstämme eingekreuzt. S. E. Shirley, Gründer des British Kennel Clubs, war maßgeblich an der Verfeinerung der Rasse beteiligt. Dieser Retriever ist ein ausgezeichneter, intelligenter Jagdhund mit feiner Nase und großer Ausdauer. Er wird zum Aufstöbern und Apportieren der Jagdbeute in unterschiedlichem Gelände eingesetzt. Im frühen 20. Jahrhundert erlangte die Rasse große Beliebtheit, die nach dem Zweiten Weltkrieg nachließ. Bis zum heutigen Tag hat der Flat-coated Retriever aber eine kleine Fangemeinde und bewährt sich weiterhin als Jagdgebrauchs-, Ausstellungs- und Begleithund von außergewöhnlicher Qualität.

CHESAPEAKE BAY RETRIEVER

Die Geschichte dieser Rasse begann 1807, als ein englisches Schiff, auf dem sich zwei Neufundländerwelpen befanden, vor der Küste Marylands in Seenot geriet. Die beiden Welpen wurden gerettet und zwei ortsansässigen Seeleuten geschenkt. Diese beiden Hunde und ihre Nachkommen wurden in der Folge mit Apportier- und anderen Jagdhunden wie Flat- und Curly-coated Retriever, Irish Water Spaniel, Otterhound und Coonhound gekreuzt, woraus sich ein ausgezeichneter Stöber- und Apportierhund mit einer natürlichen Neigung zu Wasser, großer Ausdauer und dichtem, fettigem, schützendem Haarkleid entwickelte. 1885 wurde ein Rassestandard eingeführt und der Chesapeake Bay Retriever als eigenständige Rasse anerkannt. Vorausgesetzt er erhält eine gute Führung, Sozialisation und reichlich Auslauf, ist der Chesapeake Bay Retriever ein guter Familienhund.

Widerristhöhe: 53–66 cm
Gewicht: 25–36 kg
Lebenserwartung: 10–12 Jahre
Ursprung: USA
Beschreibung: muskulöser Retriever mit breitem Kopf, kräftigem Fang und leicht befederter Rute. Das dichte Fell kommt in verschiedenen Braunschattierungen vor, häufig mit weißen Brustabzeichen oder Socken.

LABRADOR RETRIEVER

Der Labrador Retriever ist ein Nachkomme des St. John's Dog und stammt ursprünglich aus Neufundland in Kanada, wo er einst Fischernetze an Land holte, bevor er als Jagdgebrauchshund Verwendung fand, vor allem für das Apportieren von Wasservögeln – eine Rolle, in der man ihn heute noch findet. Dieses hochintelligente und gelehrige Tier wird häufig auch als Drogenspürhund, Blinden- und Therapiehund eingesetzt. Dank seines sanften, ruhigen und anhänglichen Wesens wurde er auf beiden Seiten des Atlantiks zu einem der beliebtesten Begleithunde überhaupt. Zwar ist der Ursprung dieser Rasse kanadisch, doch man unterscheidet zwischen nordamerikanischen und britischen Schlägen. Letztere sind etwas schwerer gebaut und größer. Für beide aber ist regelmäßiger Auslauf sehr wichtig, da die Tiere zu Übergewicht neigen.

WIDERRISTHÖHE: 53–61 cm
GEWICHT: 25–34 kg
LEBENSERWARTUNG: 10–12 Jahre
URSPRUNG: Kanada
BESCHREIBUNG: massiver, muskulöser Retriever mit länglichem Gebäude, breitem Kopf, mittelgroßen Behängen und einer sich zur Spitze hin verjüngenden, otterartigen Rute. Das kurze, harte und glatte Haarkleid kann schwarz, gelb oder schokoladenbraun sein.

CURLY-COATED RETRIEVER

Der Curly-coated Retriever gehört zu den ältesten Retriever-Rassen. Hervorgegangen ist er aus der Kreuzung einiger anderer alter Rassen, darunter der Close-curled English Water Dog, Old Water Spaniel, St. John's Newfoundland Dog, Retrieving Setter und möglicherweise auch Labrador und Pudel. Der hervorragende Jagdhund war wegen seiner Intelligenz und Ausdauer im 18. Jahrhundert vor allem bei Wildhütern sehr beliebt und wird auch heute noch zum Jagen und Apportieren eingesetzt. Aufgrund seines treuen, anhänglichen und gehorsamen Wesens ist er aber auch ein beliebtes Haustier und wird als Therapiehund eingesetzt. Der aktive Retriever liebt das Wasser, benötigt viel körperliche und geistige Anregung und sollte früh sozialisiert werden, damit er später anderen Hunden und Fremden gegenüber nicht zu misstrauisch wird.

WIDERRISTHÖHE: 61–68 cm
GEWICHT: 30–36 kg
LEBENSERWARTUNG: 8–12 Jahre
URSPRUNG: Großbritannien
BESCHREIBUNG: großer Retriever mit keilförmigem Kopf und sich verjüngendem Fang. Das unverkennbare schwarze oder leberfarbene Haarkleid ist dicht und bis auf den Kopf kraus gelockt. Die Rute verjüngt sich zur Spitze hin und wird normalerweise gerade getragen.

NOVA SCOTIA DUCK-TOLLING RETRIEVER

WIDERRISTHÖHE: 46–53 cm
GEWICHT: 17–21 kg
LEBENSERWARTUNG: 12–14 Jahre
URSPRUNG: Kanada
BESCHREIBUNG: kleiner, aber muskulöser Retriever mit hoch angesetzten Behängen und befederter Rute. Das dichte Haarkleid ist relativ lang und rötlich oder orangefarben, gelegentlich mit weißen Socken und weißen Abzeichen auf Brust oder Rute.

Wie der Name schon besagt, wurde diese Rasse in der kanadischen Provinz Nova Scotia entwickelt. Sie soll Wasservögel in Schussweite des Jägers locken und nach dem Schuss apportieren. Der Toller (Lockhund) springt am Strand oder Ufer umher, wobei er von Enten oder Gänsen beobachtet wird, deren Neugier er weckt. Dabei wird er vom Jäger unterstützt, der ihm aus seinem Versteck Stöcke oder Bälle zuwirft, die der Hund fängt und apportiert. Die kleinste aller Retriever-Rassen ist kräftig, arbeitsam und agil. Aber auch aufgrund seiner Apportierfreude sollte dieser Retriever am besten nur als Jagdgebrauchshund gehalten werden. Werden dem Tier allerdings sehr viel Auslauf und Schwimmmöglichkeiten geboten, ist es auch ein ausgezeichneter Begleiter, der sowohl mit Menschen als auch mit anderen Hunden gut auskommt.

RHODESIAN RIDGEBACK

Dieser kraftvolle Hund stammt von südafrikanischen Jagdhundrassen ab und wurde nach dem Land, in dem sein Rassestandard 1922 festgelegt wurde – Rhodesien, dem heutigen Zimbabwe – und dem Haarkamm auf seinem Rücken benannt, dem „Ridge", der gegen den Strich wächst. Der Rhodesian Ridgeback, eine Mischung aus Wind- und Spürhund, wurde früher bei der Großwildjagd eingesetzt und ist auch als Afrikanischer Löwenhund bekannt. Er wurde aber auch für die Jagd auf kleinere Tiere, als Apportier-, Wach- und sogar Rennhund gehalten. Versuche, diese Rasse auch für den Polizeidienst abzurichten, blieben wegen der monotonen Art des Trainings weitgehend erfolglos. Das hochintelligente, anhängliche und treue Tier ist ein beliebter Begleithund, benötigt aber starke Führung und Sozialisation durch Menschen und andere Hunde.

WIDERRISTHÖHE: 61–67 cm
GEWICHT: 30–39 kg
LEBENSERWARTUNG: 10–12 Jahre
URSPRUNG: Südafrika
BESCHREIBUNG: großer, muskulöser Hund mit breitem Schädel und kräftigem Fang. Die Behänge sind herzförmig. Die Rute ist dick und verjüngt sich zur Spitze hin. Das Haarkleid ist kurz und glatt, mit einem unverwechselbaren Rückenkamm, dessen Haar gegen den Strich wächst. Es ist weizenfarben, gelegentlich mit weißem Brustabzeichen oder Socken.

DALMATINER

Der Dalmatiner, weltbekannt durch Dodie Smiths Erzählung *Hundert und ein Dalmatiner* und die gleichnamige Walt-Disney-Verfilmung, gehört durch sein auffälliges weißes Fell mit der schwarzen Tüpfelung wohl zu den am einfachsten zu erkennenden Hunderassen. Sie existiert mindestens seit dem 15. Jahrhundert. Wo aber ihre genauen Ursprünge liegen, ob in Osteuropa, Asien oder Afrika, ist nicht bekannt. Gesichert ist, dass der Dalmatiner im Europa des 19. Jahrhunderts als Kutschen- und Stallhund weit verbreitet war. Die Hunde liefen zur Abschreckung von und zum Schutz vor Dieben neben den Pferdekutschen her und vertrieben Ungeziefer aus den Ställen. Eine ähnliche Rolle übernahmen sie bei den pferdegezogenen Pumpenwagen und waren das Maskottchen der Feuerlöschtruppen. Heute ist der Dalmatiner ein beliebter Begleithund; wie seine einstige Verwendung aber vermuten lässt, ist er sehr aktiv und benötigt viel Auslauf.

Widerristhöhe: 50–60 cm
Gewicht: 18–27 kg
Lebenserwartung: 10–12 Jahre
Ursprung: Kroatien
Beschreibung: schlanker, aber muskulöser Hund mit glattem weißem Haarkleid und schwarzer oder leberbrauner Tüpfelung. Die Behänge sind hoch angesetzt. Die Rute ist lang und verjüngt sich zur Spitze hin. Die Welpen sind rein weiß; die Tüpfelung entwickelt sich später.

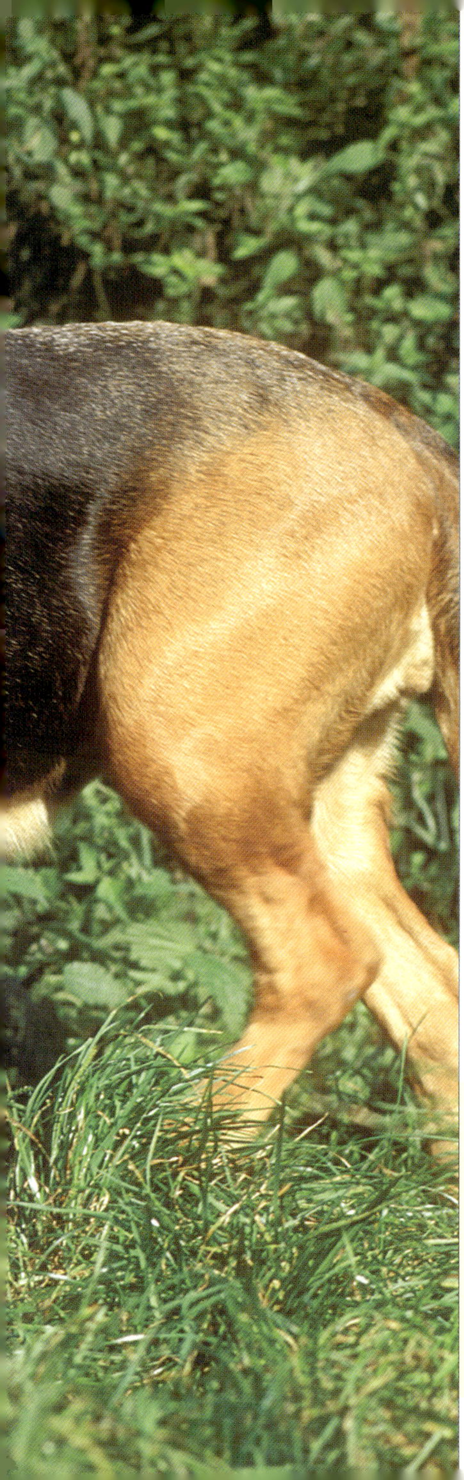

BLUTHUND/ BLOODHOUND

Die Ursprünge des Bluthunds, gelegentlich noch Chien de Saint Hubert oder Hubertushund genannt, reichen bis zur Gründung des in den Ardennen liegenden Klosters Saint-Hubert im 7. Jahrhundert zurück. Die Hubertushunde gelangten im 11. Jahrhundert nach England und wurden dort „Bloodhounds" genannt, was „edles Blut" bedeuten könnte, vielleicht aber auch auf die Fähigkeit dieses Hundes hinweist, die Blutspur von verletztem Wild zu verfolgen. Bluthunde haben eine so feine Nase, dass sie einer mehrere Tage alten Spur über eine Strecke von 200 und mehr Kilometern folgen können. Sie wurden als Such- und Rettungshunde verwendet oder bei der Polizei auf die Fährte flüchtiger Krimineller angesetzt. Der Bluthund ist sanftmütig und anhänglich, kann gelegentlich aber etwas störrisch sein, vor allem wenn er von einer interessanten Duftmarke abgelenkt wird. Außerdem neigt er zum Geifern, Schnarchen und Heulen.

WIDERRISTHÖHE: 58–69 cm
GEWICHT: 36–50 kg
LEBENSERWARTUNG: 10–12 Jahre
URSPRUNG: Belgien
BESCHREIBUNG: großer, kraftvoller Laufhund mit langem Fang, langen Behängen, loser und faltiger Haut und auffälliger Wamme. Das kurze Haarkleid ist schwarz und lohfarben, leber- und lohfarben oder rot.

OTTERHOUND/OTTERHUND

WIDERRISTHÖHE: 61–69 cm
GEWICHT: 30–52 kg
LEBENSERWARTUNG: 10–12 Jahre
URSPRUNG: Großbritannien
BESCHREIBUNG: großer, rauhaariger Laufhund mit großem Schädel und fransigem Kopfhaar, muskulösem Hals und ausgeprägter Wamme. Die Behänge sind lang. Die Rute wird häufig nach oben geschwungen getragen. Das Haarkleid ist in der Regel silbergrau oder weizenfarben mit schwarzen Abzeichen.

Wie der Name schon andeutet, wurde diese Rasse speziell für die Otterjagd gezüchtet. Zwar weiß man, dass sie mindestens schon seit dem 14. Jahrhundert existiert, ihre genauen Ursprünge sind aber unbekannt. Man geht davon aus, dass der Otterhund aus Kreuzungen zwischen frühen Foxhounds, französischen Griffons, Bluthunden und englischen Rauhaarterriern hervorging. Über hunderte von Jahren wurde er als Meutehund, zum Schutz der Fischbestände in Seen und Flüssen vor Ottern eingesetzt, verlor aber mit dem Rückgang der Otterbestände im 20. Jahrhundert seine Aufgabe und büßte stark an Popularität ein. Die Rasse konnte durch die vereinten Anstrengungen einiger Züchter gerettet werden. Heute ist sie ebenso auf Ausstellungen wie auch als Begleithund zu finden. In den USA wird der Otterhund noch zur Jagd auf Nerz, Waschbär und sogar Bären eingesetzt.

ENGLISH FOXHOUND

Der English Foxhound, ein massiger, muskulöser Laufhund, ist auf Ausdauer sowie kräftige und kurze Sprints angelegt und wurde für die klassische Fuchsjagd gezüchtet. Zur Entwicklung des Foxhounds haben vermutlich diverse Rassen beigetragen, unter anderem der französische Hubertushund, der Greyhound, der Foxterrier und sogar der Bulldog. Das Ergebnis ist ein äußerst aktiver Hund mit exzellenter Spürnase – Eigenschaften, die berücksichtigt werden sollten, wenn man ihn als Begleithund halten möchte: Er ist zwar ein guter Gefährte, benötigt allerdings täglich reichlich Auslauf, anderenfalls verhält sich das Tier destruktiv oder beginnt zu streunen. Zwar ist der Foxhound im Allgemeinen ein zutraulicher und freundlicher Hund, doch darf nicht vergessen werden, dass er ein Meutehund ist und es zwar nicht unbedingt braucht, aber doch genießt, unter seinesgleichen zu sein.

Widerristhöhe: 53–63 cm
Gewicht: 25–32 kg
Lebenserwartung: 10–12 Jahre
Ursprung: Großbritannien
Beschreibung: muskulöser, doch eleganter Laufhund mit langem Hals und Fang sowie kräftiger Hinterhand. Die Behänge sind lang, die lange Rute verjüngt sich zur Spitze hin. Das kurze Haarkleid ist typischerweise dreifarbig: schwarz, weiß und lohfarben.

AMERICAN FOXHOUND

Diese Rasse wurde im 18. Jahrhundert entwickelt und stammt von englischen Foxhounds ab, die in den 1650er-Jahren in die USA gelangten und später mit Laufhunden gekreuzt wurden, die der französische General Lafayette dem amerikanischen Präsidenten George Washington zukommen ließ. Rein äußerlich seinem englischen Verwandten sehr ähnlich, wurde der American Foxhound jedoch als leichterer und schnellerer Laufhund mit ausgeprägterem Geruchssinn und größerer Ausdauer weitergezüchtet – insgesamt besser angepasst an die Hügellandschaften von Virginia und Maryland. Die Rasse wurde für die Fuchsjagd und die Jagd auf anderes Niederwild eingesetzt, sowohl in Meuten als auch allein. Als Begleithund ist er vielleicht etwas besser geeignet als sein englischer Verwandter, der fast ausschließlich in Meuten gehalten wird. Der American Foxhound hat eine anhängliche Natur und eine melodische Stimme, doch benötigt auch er sehr viel Auslauf und neigt zum Streunen, wenn er eine interessante Witterung aufnimmt.

Widerristhöhe: 53–64 cm
Gewicht: 30–34 kg
Lebenserwartung: 10–12 Jahre
Ursprung: USA
Beschreibung: großer, athletischer Spürhund mit langem Fang, breiten Behängen und relativ langer Rute, die nach oben geschwungen getragen wird. Das kurze, harte Haarkleid ist in der Regel trikolor: weiß und lohfarben mit schwarzem Sattel.

CATAHOULA LEOPARD DOG

Diese Rasse verdankt ihren Namen dem getüpfelten oder gesprenkelten Fell und dem Ort ihrer Herkunft, Catahoula in Louisiana, dessen „Staatshund" der Catahoula Leopard Dog heute ist. Er ist ein muskulöser und vielseitiger Laufhund, der früher für die Hetzjagd und heute noch als Hüte- und Drogenspürhund, Such- und Rettungshund und treuer Wachhund eingesetzt wird. Seine Pfoten sind mit Zwischenhäuten ausgestattet, weshalb der Hund häufig zum Treiben von Rindern und Schweinen und zur Wildschweinhatz in sumpfigem Gelände eingesetzt wurde. Gelegentlich wird er auch noch Catahoula Hog Dog genannt (hog, engl.: Schwein). Der genaue Ursprung der Rasse ist ungeklärt, es wird aber angenommen, dass sie aus einer Kreuzung zwischen Mastiffs, die mit den spanischen Eroberern nach Amerika gelangten, und einheimischen Rotwölfen hervorging, die später von französischen Einwanderern wiederum mit dem Beauceron gekreuzt wurde.

Widerristhöhe: 51–66 cm
Gewicht: 23–36 kg
Lebenserwartung: 12–14 Jahre
Ursprung: USA
Beschreibung: kompakter, muskulöser Laufhund mit tiefem Brustkorb, langer, sich zur Spitze hin verjüngender Rute und dreieckigen Behängen. Das kurze Haarkleid ist merle oder schwarz und lohfarben, oft auch mit weißen Abzeichen. Bemerkenswert sind die häufig mehrfarbigen Augen.

HARRIER

WIDERRISTHÖHE: 48–56 cm
GEWICHT: 18–27 kg
LEBENSERWARTUNG: 10–12 Jahre
URSPRUNG: Großbritannien
BESCHREIBUNG: kompakter, muskulöser Laufhund mit tiefem Brustkorb, breitem Schädel, quadratischem Fang und gerundeten Behängen. Die Rute ist von mittlerer Länge und wird hoch getragen. Das kurze und harte Haarkleid ist in der Regel weiß mit Platten in allen Farbtönen von Schwarz bis Orange.

Äußerlich dem English Foxhound sehr ähnlich, wurde der Harrier, auch Harehound genannt (hare, engl.: Hase), aus Foxhound, Greyhound und Foxterrier gezüchtet; einige Quellen nennen auch den Bluthund und den Basset als Vorfahren. Der als Meutespürhund im 13. Jahrhundert entwickelte Harrier ist kleiner und kompakter als der Foxhound und wurde hauptsächlich bei der Hasenhatz, begleitet von Jägern zu Fuß, aber auch bei der klassischen Fuchsjagd eingesetzt. Er hat einen außergewöhnlichen Spürsinn und eine große Kondition, was ihn zu einem hervorragenden Jagdgebrauchshund, aber auch zu einem guten Gefährten macht, der verspielter und extrovertierter als der Foxhound ist und sich in menschlicher Gesellschaft wohler fühlt. Als Meutehund kommt der Harrier gut mit anderen Hunden aus, kann aber aggressiv gegenüber Katzen oder anderen Kleintieren sein, auch wenn er gemeinsam mit diesen aufwächst.

BASSET HOUND

Sein Name leitet sich von „bas“ ab, dem französischen Wort für „niedrig“, und beschreibt den niederläufigen Körperbau der Rasse. Der Basset Hound wurde in Großbritannien aus Kreuzungen französischer und belgischer Bassets mit dem Bluthund gezüchtet und als Hatzhund zum Aufspüren von Hirschen, Füchsen, Kaninchen und Hasen eingesetzt. Wie der Bluthund hat er einen überragenden Geruchssinn und eine große Ausdauer. Wegen seiner kurzen Läufe und seines Gewichts gehört er aber zu den langsamsten Laufhunden. In der Tat hat diese Rasse im Vergleich zu ihrer Größe schwerere Knochen als jeder andere Hund und neigt zu Gelenkbeschwerden, wenn das Tier übergewichtig ist. Deshalb sollte der Basset nur mäßig gefüttert und regelmäßig bewegt werden. Er ist ein liebevoller Familienhund mit einer tiefen melodiösen Stimme, kann aber auch eigensinnig sein, vor allem, wenn er eine interessante Witterung aufgenommen hat.

Widerristhöhe: 28–38 cm
Gewicht: 18–27 kg
Lebenserwartung: 10–12 Jahre
Ursprung: Großbritannien
Beschreibung: niederläufiger Laufhund mit langem Gebäude, tiefem Brustkorb, großem Schädel, sehr langen, samtigen Behängen und ausgeprägter Wamme. Das kurze und glänzende Haarkleid ist trikolor – schwarz, lohfarben und weiß.

BEAGLE

Der Beagle ist ein Abkömmling des English Foxhounds und möglicherweise auch des Harriers. Seine Ursprünge gehen auf das 14. Jahrhundert zurück; somit gehört der kleine Spürhund zu den ältesten englischen Laufhundrassen. Der Beagle wurde traditionell für die Kaninchen- und Hasenhatz oder die Federwildjagd eingesetzt. Aufgrund seiner Intelligenz, Ausdauer und des ruhigen Wesens ist er immer noch ein beliebter Jagdhund und wird dank seines ausgezeichneten Geruchssinns auch als Polizeisuchhund eingesetzt. Heute ist er aber überwiegend ein Familienhund. Als Haustier ist diese Rasse anhänglich und verspielt, aber auch unabhängig und neugierig und kann zum Streunen neigen. Wird er lange Zeit allein gelassen, versucht der Beagle häufig zu fliehen, und wenn ihm dies nicht gelingt, beginnt er unablässig zu jaulen. Dieses Verhalten erlaubt Rückschlüsse darauf, ob der Hund eine frühe Führung erhalten oder mit Artgenossen gehalten wurde.

Widerristhöhe: 33–41 cm
Gewicht: 8–14 kg
Lebenserwartung: 12–15 Jahre
Ursprung: Großbritannien
Beschreibung: kleiner, robuster Laufhund mit breitem Schädel und quadratischem Fang. Die Behänge sind lang. Das kurze Haarkleid ist in der Regel trikolor – schwarz, lohfarben und weiß.

DACHSHUND/DACKEL

WIDERRISTHÖHE: 20–28 cm
GEWICHT: 5–12 kg
LEBENSERWARTUNG: 11–13 Jahre
URSPRUNG: Deutschland
BESCHREIBUNG: lang gestreckter, muskulöser Hund mit kurzen Läufen, länglichem Kopf und Fang. Die Behänge sind sehr beweglich. Die Rute ist relativ lang. Das Haarkleid kann kurz, lang oder rauhaarig, mehrfarbig und gestromt sein und kommt in vielen Farben vor.

Der Dachshund, Dackel oder Teckel ist ein kurzläufiger Laufhund mit langem Gebäude. Er wird in drei verschiedenen Größen – Standard-, Zwerg- und Kaninchen-Dachshund – und drei unterschiedlichen Haarvarianten gezüchtet – Kurz-, Rau- und Langhaar. In jedem Fall vereint der Dackel die Qualitäten von Laufhund und Terrier, ist ein leidenschaftlicher Gräber mit gutem Geruchssinn, großer Ausdauer und unglaublicher Hartnäckigkeit. Seine Aufgabe bei der Jagd ist es, kleine Säuger aufzustöbern und aus ihren Bauen zu treiben oder auszugraben. Der Standard-Dackel wird auf Dachse und Füchse, die kleineren Formen auf Kaninchen, Wiesel und Nager angesetzt. Er ist ein beliebter Begleit- und Haushund. Leider ist die Rasse anfällig für Rückenprobleme und sollte davon abgehalten werden, Männchen zu machen, zu springen oder sich zu überanstrengen.

AFGHANISCHER WINDHUND

Zwar konnte die Geschichte des Afghanischen Windhundes nicht exakt erforscht werden, doch weiß man, dass er einer sehr alten Rasse angehört, die wohl von den aus Syrien nach Afghanistan gebrachten Salukis abstammt. Die extremen Temperaturen dort begünstigten die Herausbildung eines dickeren Haarkleides. Der hochintelligente, schnelle und agile Hund wurde als Hirten- und Jagdhund eingesetzt. Die Reinheit der Rasse konnte durch die Isolation innerhalb der afghanischen Bergregionen gewährleistet werden. Erst im frühen 20. Jahrhundert gelangte dieser Windhund mit britischen Soldaten nach Europa. Als der Afghane 1907 als „Orientalischer Greyhound" im Londoner Crystal Palace präsentiert wurde, galt er als Sensation. In den Jahren danach war er ein Statussymbol für Wohlhabende und Adel. Heute wird der Afghane auch als Spür- und Rennhund gehalten.

WIDERRISTHÖHE: 66–74 cm
GEWICHT: 23–34 kg
LEBENSERWARTUNG: 12–14 Jahre
URSPRUNG: Afghanistan
BESCHREIBUNG: großer, schlanker und eleganter Windhund; Kopf, Hals und Behänge sind lang. Das Haarkleid ist am ganzen Körper lang, seidig und sandfarben, im Gesicht allerdings kürzer und dunkler. Dunklere, hellere, gestromte oder gefleckte Farbvarianten sind nicht unüblich.

BARSOI

WIDERRISTHÖHE: 66–79 cm
GEWICHT: 27–48 kg
LEBENSERWARTUNG: 10–12 Jahre
URSPRUNG: Russland
BESCHREIBUNG: großer und eleganter Windhund mit schmalem Schädel und langer Schnauze. Die Ohren sind in der Regel nach hinten geklappt. Läufe, Unterlinie und Rute sind befedert, die Rute ist lang und geschwungen. Das Haarkleid ist von mittlerer Länge und kommt in allen Farben vor, außer in Blau oder Braun.

Dieser schnelle und elegante Hund stammt aus Russland und ist deshalb auch als Russischer Windhund bekannt. Der Russkaja Psowaja Borzaja, so sein vollständiger Name, wurde früher zur Wolfsjagd eingesetzt, und sein Name leitet sich vom russischen Wort für „schnell" ab. Er stammt von alten Greyhoundtypen wie dem Saluki ab, der wahrscheinlich mit langhaarigen Hütehunden gekreuzt wurde. Der Barsoi war zunächst ein beliebter Jagdhund beim russischen Adel, später in ganz Europa Begleithund des Adels und in Königshäusern. Seit Ende des 19. Jahrhunderts finden sich Barsois in allen großen Zwingern Europas und Amerikas. Heute ist der attraktive Hund nicht nur ein beliebter Ausstellungshund, sondern auch ein geeigneter Familienhund. Er ist intelligent und anhänglich, verhält sich in geschlossenen Räumen meist ruhig, doch braucht er sehr viel Bewegung.

SALUKI

Der Saluki, nach der alten arabischen Stadt Saluk benannt, ist eine sehr alte Rasse. Hunde ähnlichen Typs waren schon im alten Ägypten bekannt, wie Darstellungen auf ägyptischen Grabplatten und sogar mumifizierte Hunde bezeugen. Der schnelle und agile Windhund, der auch als Gazellenhund bekannt ist, wurde ursprünglich zusammen mit abgerichteten Falken zur Gazellen-, Fuchs-, Schakal- und Hasenjagd in der Wüste eingesetzt. Seit ihrer Einführung im Westen wird die Rasse gemeinhin als Begleit- und Ausstellungshund gehalten, aber auch bei Hunderennen eingesetzt. Der Saluki ist in der Regel ein ruhiges und anhängliches Haustier, hat aber einen starken Jagdinstinkt und benötigt sehr viel Auslauf. Vorsicht ist geboten, wenn er von der Leine gelassen wird: Er verfolgt alle kleineren Tiere, ohne den Rufen seines Halters Beachtung zu schenken.

WIDERRISTHÖHE: 43–71 cm
GEWICHT: 16–29 kg
LEBENSERWARTUNG: 11–13 Jahre
URSPRUNG: Naher Osten
BESCHREIBUNG: sehr athletischer, eleganter Windhund mit schmalem, spitz zulaufendem Kopf und langen Behängen. Das Haarkleid ist am ganzen Körper kurz mit langer, seidiger Befederung an Behängen, Läufen und Rute. Das Fell kann schwarz, lohfarben, falbfarben, rot, weiß, oder creme sein, auch in unterschiedlichen Kombinationen.

SCOTTISH DEERHOUND

Der Deerhound oder Hirschhund wird wegen seiner Größe und seines rauen Fells gelegentlich mit dem Irischen Wolfshund verwechselt, doch ist er schlanker, weniger massig und hat einen längeren Fang. Es ist eine alte, vom Greyhound abstammende Rasse und wurde, wie der Name schon vermuten lässt, in Schottland zur Hirschhatz eingesetzt. Er war der bevorzugte Jagdhund des schottischen Adels, bis die Jagd mit Gewehren aufkam und die Dienste des Hundes überflüssig machte. Im 19. Jahrhundert flammte das Interesse an der Rasse wieder auf, die so vor dem Aussterben bewahrt wurde. Noch heute ist der Deerhound eine eher seltene Rasse und wird für die Jagd, als Spürhund oder für sportliche Freizeitvergnügen wie Hunderennen oder Lure Coursing (imitierte Hetzjagd) eingesetzt und als Ausstellungs- und Familienhund gehalten.

Widerristhöhe: 71–81 cm
Gewicht: 34–50 kg
Lebenserwartung: 10–12 Jahre
Ursprung: Großbritannien
Beschreibung: hoch gewachsener, schlanker Hund mit einer sich verjüngenden Schnauze, sehr langer Rute und kleinen Behängen. Das Haarkleid ist rau und zottig, im Allgemeinen von grauer Grundfarbe, aber auch gelb, rot oder gestromt.

IRISCHER WOLFSHUND

Der Wolfshund ist eine der größten Hunderassen überhaupt, und auch wenn er schwer und muskulös gebaut ist, hat er doch die Eleganz des Greyhounds bewahrt, aus dem er größtenteils gezüchtet wurde. Der Wolfshund ist eine alte Jagdhundrasse, die vom irischen Adel über hunderte von Jahren für die Wolfs-, Wildschwein- und Elchhatz eingesetzt und auf königliche Anfrage nach England exportiert wurde. Als der Wolf im 18. und 19. Jahrhundert so stark verfolgt wurde, dass er fast ausgerottet war, nahm auch die Zahl der Wolfshunde dramatisch ab. Die Rasse blieb dank der Anstrengungen eines Offiziers, Captain George Graham, erhalten, der zur Sicherung der Bestände überlebende Wolfshunde mit Deerhound, Dogge und Barsoi kreuzte. Ungeachtet seiner imposanten Erscheinung ist der Irische Wolfshund ein sanftmütiger und anhänglicher Zeitgenosse, der sich in geschlossenen Räumen ruhig verhält, aber wie andere Windhunde auch so oft wie möglich freien Auslauf genießt.

WIDERRISTHÖHE: 71–90 cm
GEWICHT: 40–69 kg
LEBENSERWARTUNG: 8–10 Jahre
URSPRUNG: Irland
BESCHREIBUNG: sehr großer, muskulöser Hund mit langem, sich verjüngendem Schädel und tiefem Brustkorb. Hals und Lende sind geschwungen. Die Behänge sind relativ klein, die Rute ist lang. Das zottige Haarkleid mit buschigem Bart und Augenbrauen ist in der Regel grau, kann aber auch schwarz, weiß, rot oder gestromt sein.

LURCHER

WIDERRISTHÖHE: 69–76 cm
GEWICHT: 27–32 kg
LEBENSERWARTUNG: 12–14 Jahre
URSPRUNG: Irland
BESCHREIBUNG: greyhoundähnlicher Windhund mit sich verjüngendem Fang, tiefem Brustkorb und geschwungener Lende. Die kleinen Ohren sind hoch angesetzt. Die lange Rute verjüngt sich zur gelegentlich aufgerollten Spitze hin. Das Haarkleid kann kurz und drahtig oder lang und rau sein. Alle Farben sind möglich.

Auch wenn der Lurcher von den meisten Hundeorganisationen nicht als reinrassiger Hund anerkannt wird, weil es für ihn keinen Rassestandard gibt, so verkörpert er doch einen erkennbaren Typus und ist mindestens seit dem 17. Jahrhundert bekannt. Man vermutet, dass er das Resultat aus Kreuzungen von Greyhounds und Deerhounds mit Collies und anderen Hütehunden bzw. mit Terriern wie dem Bedlington Terrier ist und aus einer Zeit stammt, als es nur dem Adel erlaubt war, reinrassige Windhunde für die Jagd zu halten. Der Lurcher wurde traditionell von Zigeunern zur Hetzjagd gehalten. Der intelligente, sanftmütige und anhängliche Lurcher ist ein sehr schneller und agiler Hund mit ausgeprägtem Jagdinstinkt, der sehr viel Auslauf braucht und sich relativ einfach führen lässt.

CANAAN DOG

Diese Rasse wurde ursprünglich in den 1930er-Jahren für die Security Forces in Israel aus halbwilden oder ausgewilderten Hunden gezüchtet, die von den Beduinen über Jahrhunderte als Wachhunde für ihre Lager und Viehherden gehalten wurden. Noch heute wird der Canaan Dog für diese Aufgaben eingesetzt, daneben aber auch als Hüte- und Stöberhund, als Minenspürhund, Such- und Rettungshund oder als Blindenführhund. Die hochintelligente und treue Rasse ist zunehmend als Familienhund beliebt, und mit seinem ausgeprägten Beschützerinstinkt ist der Canaan Dog auch ein guter Wachhund. Ohne frühe Sozialisation und Führung allerdings kann er zu beschützerisch, Fremden gegenüber misstrauisch und zu anderen Hunden, besonders desselben Geschlechts, aggressiv und sehr bellfreudig sein. Er ist ein lebhafter, energiegeladener Hund, der viel Auslauf benötigt.

WIDERRISTHÖHE: 48–61 cm
GEWICHT: 16–25 kg
LEBENSERWARTUNG: 12–14 Jahre
URSPRUNG: Israel
BESCHREIBUNG: stämmiger, mittelgroßer Hund mit keilförmigem Kopf, hoch angesetzten aufrechten Ohren und buschiger Rute, die oft über dem Rücken getragen wird. Das mittellange Haarkleid ist glatt und hart und kann sandfarben, rot, schwarz, weiß, grau, gestromt oder weiß mit farbigen Platten sein.

PODENCO IBICENCO

Der Podenco Ibicenco, oder Ibiza-Podenco, ist ein sehr schneller und agiler Windhund mit ausgezeichnetem Seh- und Hörvermögen. Er wurde auf Ibiza und den anderen Balearen-Inseln entwickelt, wo er hauptsächlich zur Kaninchenjagd, daneben aber auch als Vorsteh- und Apportierhund eingesetzt wurde. Diese elegante Rasse hat große Ähnlichkeiten mit dem Pharaonenhund, allerdings ist sie in der Regel etwas größer und kommt in einer umfangreicheren Farbvielfalt vor. Beide Rassen haben einen gemeinsamen Vorfahren, der schon den alten Ägyptern bekannt war und vermutlich von phönizischen Händlern nach Europa gebracht wurde. In Spanien wird er heute noch, meist in der Meute, bei der Hasenjagd und Coursings (imitierte Hetzjagden) eingesetzt, ist aber auch ein beliebter Begleit- und Ausstellungshund. Der Podenco ist ein ausgezeichnetes Haustier, benötigt aber viel Auslauf und einen sicheren Zwinger, da er aus dem Stand sehr hoch springen kann.

Widerristhöhe: 56–74 cm
Gewicht: 19–25 kg
Lebenserwartung: 10–12 Jahre
Ursprung: Spanien
Beschreibung: eleganter Windhund mit langem, sich verjüngendem Schädel, großen, sehr beweglichen dreieckigen Ohren und einer langen, schlanken Rute. Das Haarkleid ist entweder glatt, lang oder drahtig und kommt in den Farben Rot, Weiß, Rot und Weiß oder Lohfarben und Weiß vor.

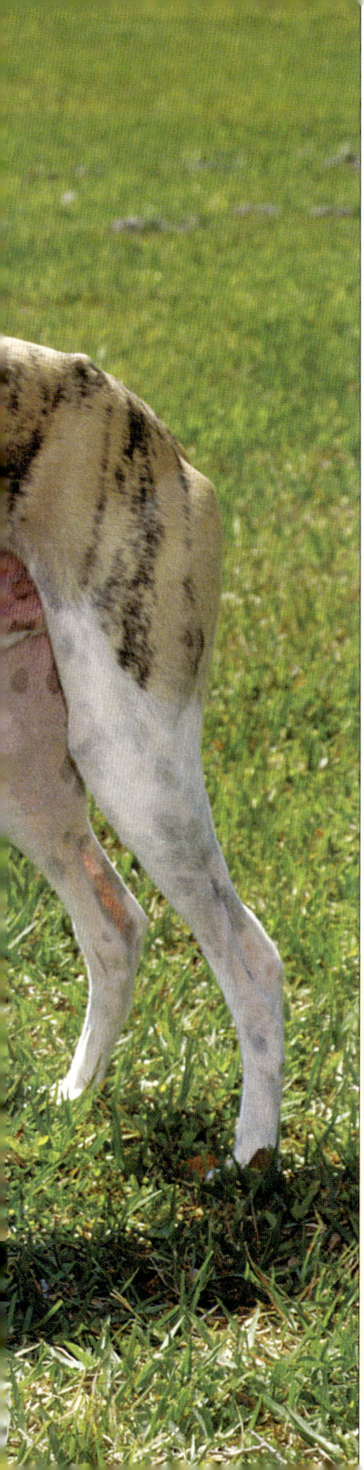

GREYHOUND

Zwar lässt sich sein Ursprung nicht exakt zurückverfolgen, doch geht man davon aus, dass der Greyhound genau wie der Sloughi von alten Windhundrassen aus dem Nahen Osten abstammt, die schon seit mehreren tausend Jahren bekannt sind. Auf den Britischen Inseln ist er schon seit mindestens 900 n. Chr. zu Hause, und seit der angelsächsischen Ära ist er mit der britischen Monarchie verbunden und wurde für die Hirsch- und Wildschweinhatz eingesetzt, als die Jagd noch ein rein adliges Vergnügen war. Danach wurde er für die Niederwildjagd, vor allem die Hasenhatz, verwendet. Heute ist er wohl als Rennhund am bekanntesten und gilt mit einer Spitzengeschwindigkeit von über 65 km/h als der schnellste Hund der Welt. Der Greyhound hat ein sehr sanftes und anhängliches Wesen, das ihn zu einem geeigneten Familienhund macht. In geschlossenen Räumen verhält er sich ruhig, doch braucht er täglich möglichst freien Auslauf. Manche Tiere benötigen wegen ihres starken Jagdtriebs einen Maulkorb, wenn sie von der Leine gelassen werden.

Widerristhöhe: 68–76 cm
Gewicht: 27–32 kg
Lebenserwartung: 10–12 Jahre
Ursprung: Großbritannien
Beschreibung: überaus eleganter, muskulöser Windhund mit sehr tiefem Brustkorb, geschwungenem Rücken und langer, sich verjüngender Schnauze. Die kleinen Ohren sind nach hinten geklappt. Die lange Rute wird mit leicht geschwungener Spitze getragen. Das kurze Haarkleid kann viele Farben haben.

BASENJI

WIDERRISTHÖHE: 38–43 cm
GEWICHT: 9–11 kg
LEBENSERWARTUNG: 10–12 Jahre
URSPRUNG: Kongo
BESCHREIBUNG: kleiner bis mittelgroßer, glatthaariger Hund mit faltiger Stirn und gerollter Rute. Das Haarkleid ist schwarz, rot, kupfer, schwarz und lohfarben oder gestromt, in der Regel sind Läufe, Brust und Rutenende weiß.

Der Basenji, gelegentlich nach seiner Heimat auch als Kongo-Terrier bezeichnet, wurde über Jahrtausende in der Meute auf Antilopen, Affen, kleine Wildkatzen und andere Tiere angesetzt. Er jagte seine Beute auf Fährte und Sicht und trieb sie in das offene Land, in Netze oder auf Bäume, wo sie von den Jägern erlegt werden konnte. Der unerschrockene Basenji greift sogar größere Raubtiere wie Großkatzen an, vor allem zur Verteidigung seiner Welpen. Das vielleicht interessanteste Merkmal des Basenjis ist, dass er nicht bellen kann. Er ist nicht generell stumm, sondern produziert verschiedene Jodellaute. Dieser hochintelligente, anhängliche und verspielte Hund ist ein geeignetes Haustier, wenn er früh geführt und sozialisiert wird. Am wohlsten fühlt sich der Basenji unter seinesgleichen.

PHARAONENHUND

Wie sein Name andeutet, stammt der Pharaonenhund vermutlich von Hunden ab, die schon im alten Ägypten bekannt waren, und zählt zu den ältesten domestizierten Rassen überhaupt. Entwickelt wurde er aber auf Malta, wohl als Nachfahre von Laufhunden, die mit den Phöniziern auf die Mittelmeerinsel kamen. Der Pharaonenhund ist ein auffälliges, elegantes Tier mit sehr großen Ohren, das auf Fährte, Sicht und Gehör jagt und hauptsächlich für die Kaninchenhatz eingesetzt wurde. Von Landwirten wird er noch heute zu diesem Zweck gehalten. Er ist darüber hinaus ein guter Wach- und Schutzhund, der zum Hüten von Schaf- und Ziegenherden sowie von Haus und Hof eingesetzt wird, gelegentlich auch als Stöberhund. In den 1930er-Jahren wurde er von britischen Züchtern entdeckt und gewann in Großbritannien wie auch in den USA seit den 1960er-Jahren zunehmend als Gesellschaftshund an Beliebtheit. Er benötigt sehr viel Auslauf.

WIDERRISTHÖHE: 53–63 cm
GEWICHT: 20–25 kg
LEBENSERWARTUNG: 13–15 Jahre
URSPRUNG: Malta
BESCHREIBUNG: eleganter und athletischer Windhund mit keilförmigem Kopf, langer Schnauze, tiefem Brustkorb und mäßig geschwungener Lende. Die Rute verjüngt sich zur Spitze hin und wird normalerweise niedrig getragen. Die Ohren sind groß und aufrecht. Das Haarkleid ist kurz und glatt und kann rot oder lohfarben sein, häufig mit weißen Abzeichen.

WHIPPET

Der Whippet wurde im späten 19. Jahrhundert hauptsächlich von Arbeitern in Nordengland als Alternative zum Greyhound herausgezüchtet, wahrscheinlich aus einer Kreuzung zwischen Greyhound, Italienischem Windspiel und Terrier. Ziel war es, einen Hund zu entwickeln, der weniger Platz benötigte und günstiger in der Haltung war, gleichzeitig aber Schnelligkeit, Beweglichkeit und Ausdauer zu erhalten – wichtige Eigenschaften für Hunderennen sowie die Kaninchen- und Hasenhatz. In der Tat hat der Whippet eine schnellere Beschleunigung als der Greyhound und erreicht Spitzengeschwindigkeiten von bis zu 60 km/h. 1890 wurde die Rasse vom British Kennel Club anerkannt. Nach der Gründung eines Zuchtverbandes neun Jahre später wurde der Whippet auch als Ausstellungshund immer beliebter. Als Begleithund ist er anhänglicher als andere Windhunde und in geschlossenen Räumen sehr ruhig. Wie alle Windhunde heißt er aber jede Gelegenheit zum freien Auslauf willkommen.

WIDERRISTHÖHE: 46–56 cm
GEWICHT: 12–14 kg
LEBENSERWARTUNG: 12–14 Jahre
URSPRUNG: Großbritannien
BESCHREIBUNG: kleiner und schlanker Windhund mit spitzem Fang, tiefem Brustkorb und geschwungenem Hals und Rücken. Die kleinen Ohren sind rosenförmig. Die Rute ist lang mit einer geschwungenen Spitze, das Haarkleid kurz und glatt und kommt in vielen Farben und Farbkombinationen vor.

ITALIENISCHES WINDSPIEL

WIDERRISTHÖHE: 30–38 cm
GEWICHT: 3–5 kg
LEBENSERWARTUNG: 13–15 Jahre
URSPRUNG: Italien
BESCHREIBUNG: kleiner Windhund mit spitzer Schnauze und geschwungenem Rücken. Die Ohren sind nach außen geklappt und liegen am Nacken an. Die Rute ist lang und an der Spitze geschwungen. Das Haarkleid ist kurz und kann grau, creme- oder falbfarben, schwarz oder blau sein, oft mit weißem Brustabzeichen oder Socken.

Das Italienische Windspiel, der kleinste aller Windhunde, ist eine alte Rasse, die sich vor über 2000 Jahren im Mittelmeerraum aus kleinwüchsigen Laufhunden entwickelte, die von den Phöniziern aus dem Nahen Osten gebracht wurden. Er hat große Ähnlichkeit mit dem Greyhound, ist aber in allen Proportionen wesentlich kleiner. Ab dem 16. Jahrhundert war das Windspiel an königlichen und adligen Höfen Europas ein überaus beliebter Gesellschaftshund, wie viele Gemälde aus dem 16. und 17. Jahrhundert bezeugen, auf denen er mit seinen blaublütigen Besitzern abgebildet ist. Der quirlige und anhängliche Hund ist ein ausgezeichneter Gefährte. Er verliert praktischerweise fast keine Haare und benötigt deshalb wenig Fellpflege, hat so gut wie keinen Körpergeruch und ist günstig in der Haltung. Zwar sieht er etwas zerbrechlich aus, doch ist er zäh und langlebig.

SLOUGHI

Der Sloughi, auch Arabischer Windhund genannt, ist eine alte Windhundrasse, deren Vorfahren aus Afrika und Teilen des Nahen Ostens kommen. Es gab Spekulationen darüber, ob der Sloughi eine Varietät des Salukis oder des Azawakhs sein könnte. Wie diese Hunde ist auch der Sloughi eine unglaublich schnelle und agile Rasse, die ursprünglich zur Jagd auf Gazellen, Hasen, Wüstenfüchse, Hyänen und Schakale eingesetzt wurde. Von den Beduinen wurde der Sloughi aber auch zum Bewachen ihrer Viehherden verwendet. Auch wenn man ihm gelegentlich als Ausstellungs- und Gesellschaftshund begegnet, bleibt er doch eine relativ seltene Rasse, die im 20. Jahrhundert aufgrund unterbrochener Zuchtprogramme, Verfolgung und Tollwutepidemien einen dramatischen Niedergang erfahren musste. Als Haustier ist der Sloughi ein treu ergebener und verspielter Gefährte, Fremden gegenüber allerdings etwas reserviert.

Widerristhöhe: 61–74 cm
Gewicht: 20–27 kg
Lebenserwartung: 11–13 Jahre
Ursprung: Marokko
Beschreibung: athletischer Windhund mit schmalem, lang gestrecktem Schädel, dreieckigen Behängen und einer langen, dünnen Rute. Das kurze, weiche Haarkleid kommt in unterschiedlichen sandfarbenen Schattierungen vor, oft auch mit schwarzer Maske und Behängen, auch schwarz gestromt.

TERRIER, PINSCHER UND SCHNAUZER

AFFENPINSCHER

WIDERRISTHÖHE: 25–38 cm
GEWICHT: 3–4 kg
LEBENSERWARTUNG:
10–12 Jahre
URSPRUNG: Deutschland
BESCHREIBUNG:
kleiner, zottiger Terrier mit stumpfem Fang und langem Gesichtshaar, Kopf und Augen sind rund. Die dreieckigen Ohren sind nach vorn gedreht. Die Rute ist hoch angesetzt und wird leicht aufwärts getragen. Das Haarkleid ist normalerweise schwarz, kann aber graue, silberne, braune oder lohfarbene Schattierungen enthalten.

Das affenähnliche Gesicht und ihre verspielte, neugierige Art hat dieser Rasse ihren Namen eingebracht, und auch die französische Bezeichnung „Diablotin moustachu“ (schnauzbärtiges Teufelchen) ist nicht ganz verkehrt. Als eigenständige Rasse tauchte der Affenpinscher Mitte des 19. Jahrhunderts auf, seine Ursprünge hingegen liegen vermutlich 150 bis 250 Jahre weiter zurück. Herausgezüchtet wurde er aus größeren Gebrauchsterriern, die auf Bauernhöfen Nagetiere jagten und ab dem 18. Jahrhundert auch als Haustiere gehalten wurden. Bis zum heutigen Tag ist der Affenpinscher ein effektiver Mäuse- und Rattenfänger, und seine Wachsamkeit und sein Mut machen ihn trotz der kleinen Statur zu einem guten Wachhund. Heute wird er überwiegend als treuer und anhänglicher Begleithund gehalten.

DEUTSCHER PINSCHER

Der Deutsche Pinscher stammt von alten europäischen Wach- und Hütehunden ab. Neben der traditionellen Aufgabe des Terriers als Ungezieferjäger wurde diese recht große Pinscher-Rasse als Hüte-, Treib- und Wachhund eingesetzt. Der Pinscher sieht aus wie ein Miniatur-Dobermann, zu dessen Entwicklung er ebenso beigetragen hat wie zu der des Zwergpinschers, Affenpinschers und Schnauzers. Nach dem Zweiten Weltkrieg war die Rasse vom Aussterben bedroht, konnte aber durch die Anstrengungen vor allem eines Mannes, Werner Jung, erhalten werden. Der Pinscher ist ein treuer und beschützender Gefährte, der im Allgemeinen sehr gelehrig ist, aber eine feste Führung benötigt, um zu Hause nicht zu dominant und territorial zu werden.

WIDERRISTHÖHE: 41–48 cm
GEWICHT: 11–16 kg
LEBENSERWARTUNG:
12–14 Jahre
URSPRUNG: Deutschland
BESCHREIBUNG:
mittelgroßer Hund mit stumpfem Fang und hoch angesetzten dreieckigen Klappohren. Die Rute ist hoch angesetzt und leicht säbelförmig. Das kurze glatte Haarkleid kann schwarz mit lohfarbenem Brand, einfarbig hirschrot, rotbraun oder dunkelrotbraun sein.

ZWERGPINSCHER

Der Zwergpinscher sieht aus wie ein kleiner Dobermann, ist aber die wesentlich ältere Rasse und eine Weiterentwicklung des Deutschen Pinschers, der dafür mit Windspiel- und Dackelschlägen gekreuzt wurde. Wie sein größerer Verwandter wurde er einst als Ratten- und Ungezieferjäger in Ställen und andernorts eingesetzt. Der Name „Pinscher" leitet sich vom französischen oder englischen Verb „pincer" bzw. „to pinch" ab, was „schnappen, kneifen, greifen" bedeutet, womit beschrieben wird, wie der Hund bei der Jagd agiert. Der Zwergpinscher wurde 1900 zum ersten Mal in Deutschland ausgestellt und gewann in den folgenden Jahren rasch an Beliebtheit. Außerhalb Deutschlands jedoch blieb er weitgehend unbekannt, bis er rund 20 Jahre später in den USA und 1938 in Großbritannien eingeführt wurde. Die Rasse ist sehr gelehrig, verspielt, aufgeweckt und furchtlos und wurde so zu einem beliebten Begleit- und Wachhund. Früher wurden die Ohren meist aufrecht kupiert. Mittlerweile gelingt dies aber auch durch selektive Züchtung.

Widerristhöhe: 25–30 cm
Gewicht: 4–5 kg
Lebenserwartung: 13–15 Jahre
Ursprung: Deutschland
Beschreibung: kleiner, schlanker, aber muskulöser Hund mit kurzem schwarz-lohfarbenem oder schokoladenbraunem Haarkleid. Die dreieckigen Steh- bzw. Klappohren sind ebenso wie die Rute hoch angesetzt.

SCHNAUZER

WIDERRISTHÖHE: 43–51 cm
GEWICHT: 14–20 kg
LEBENSERWARTUNG: 13–15 Jahre
URSPRUNG: Deutschland
BESCHREIBUNG: robuster Hund mittlerer Größe mit langem Kopf und buschigen Augenbrauen, Kinn- und Schnauzbart. Die dreieckigen Klappohren sind hoch angesetzt. Die Rute wird aufrecht getragen. Das Deckhaar ist hart und drahtig. Es kann rein schwarz oder pfeffersalz sein.

Dieser Schnauzer wird zur Unterscheidung von den beiden anderen Schnauzern, Riesen- und Zwergschnauzer, auch Mittelschnauzer genannt und gilt als die älteste der drei Rassen. Er ist von mittlerer Größe und wurde in Deutschland zunächst als Haus- und Hofhund gehalten, der Ungeziefer jagte und Grund, Besitz oder Vieh hütete. Da es sich aber um eine überaus vielseitige Rasse handelt, wurde sie ungeachtet ihres gelegentlich hartnäckigen Terrier-Temperaments ebenfalls erfolgreich als Treib-, Apportier- und Kriegshund abgerichtet, ebenso als Dressurhund. Als Begleithund ist der Schnauzer schon seit Jahrhunderten bekannt. Er ist ein lebhafter, intelligenter und anhänglicher Geselle, der auch einen guten Wach- und Schutzhund abgibt. Sein Beschützerinstinkt gegenüber Gegenständen und Menschen kann allerdings auch zu ausgeprägt sein.

ZWERGSCHNAUZER

Der Zwergschnauzer wurde erst 1899 als eigenständige Rasse anerkannt, doch sind Schnauzer in Deutschland schon mindestens seit dem 16. Jahrhundert bekannt, wie Darstellungen auf vielen Gemälden aus dem 16. und 17. Jahrhundert, darunter von Dürer oder Rembrandt, beweisen. Der Schnauzer ist eng verwandt mit dem Pinscher, und der Zwergschnauzer ging aus der Kreuzung von Mittelschnauzer und Affenpinscher hervor, vermutlich mit der späteren Einkreuzung von Pudelschlägen. Erst in den 1920er-Jahren gelangte er z. B. nach Großbritannien und in die USA, wo er zunächst überwiegend für die Ungezieferjagd in Privathäusern oder Fabrikanlagen eingesetzt, bald aber auch als Familienhund sehr geschätzt wurde. Der energiegeladene, verspielte und gelehrige Hund lässt sich gern Kunststücke beibringen, und seine Bellfreudigkeit macht ihn zu einem guten Wachhund.

WIDERRISTHÖHE: 30–36 cm
GEWICHT: 5–7 kg
LEBENSERWARTUNG: 12–14 Jahre
URSPRUNG: Deutschland
BESCHREIBUNG: kleiner, robuster Hund mit langem Fang und buschigem Gesichtshaar und dreieckigen Klappohren. Die hoch angesetzte Rute wird nach oben getragen. Das Haarkleid ist drahtig hart und kann rein schwarz mit schwarzer Unterwolle, pfeffersalz, schwarz-silbern oder rein weiß mit weißer Unterwolle sein.

AMERICAN PIT BULL TERRIER

Der American Pit Bull Terrier ist eine Kreuzung aus Bulldog und Terrier und wurde in Großbritannien nach dem Verbot des Bullenbeißens 1835 zunächst als Kampfhund entwickelt, bevor er im 19. Jahrhundert mit Auswanderern in die USA gelangte, wo er hauptsächlich als Arbeits- und Hofhund gehalten wurde. Er ist äußerst kraftvoll, agil und zäh und zählte in den USA zu den beliebtesten Rassen, bis er in den letzten Jahren in den Ruf geriet, eigensinnig und aggressiv zu sein. In Deutschland fällt er inzwischen in vielen Bundesländern unter die Kampfhundeverordnung. Dieser Ruf ist jedoch zum Teil ungerechtfertigt, denn bei richtiger Führung und Sozialisation ist der Pit Bull trotz seines Kampfinstinkts ein gutmütiger, geselliger und folgsamer Gefährte, der jeder Aufgabe gewachsen ist.

Widerristhöhe: 46–56 cm
Gewicht: 10–50 kg
Lebenserwartung: 10–12 Jahre
Ursprung: USA
Beschreibung: stämmiger, muskulöser Hund mit breitem Schädel und Hals sowie extrem kräftigem Kiefer. Die dreieckigen Klappohren sind hoch angesetzt. Die Rute ist am Ansatz dick, tief angesetzt und verjüngt sich zur Spitze hin. Das kurze, glänzende Haarkleid kommt in vielen Farben und Farbkombinationen vor, darunter Schwarz, Weiß, Braun, Rottöne, gestromt und Merle.

ENGLISH BULL TERRIER

Der Bull Terrier ist ein sehr kräftiger Hund und wurde im 19. Jahrhundert aus Bulldog und Old English Terrier als Bullen- und Dachsbeißer gezüchtet. Nach dem Verbot des Bullenbeißens in England 1835 wurde er bei Hundekämpfen eingesetzt, bis auch dieser zweifelhafte Sport 1911 gesetzlich verboten wurde. Um das Temperament und das Äußere des Hundes zu verfeinern, begannen Züchter in den 1850er-Jahren, Pointer- und Dalmatinerblut einzukreuzen, und entwickelten so den Bull Terrier, wie er uns heute bekannt ist. Die weißfellige Varietät wurde zu einem modischen Begleithund der englischen Aristokratie. Die Rasse wurde aber auch für andere Aufgaben eingesetzt, darunter für die Ungezieferjagd, als Wach- und sogar als Hütehund. Nach wie vor ist der Bull Terrier ein beliebtes Haustier, das sehr anhänglich ist, aber viel Auslauf benötigt und früh geführt und sozialisiert werden sollte, da er andernfalls aggressiv auf andere Hunden reagieren kann.

WIDERRISTHÖHE: 50–60 cm
GEWICHT: 20–29 kg
LEBENSERWARTUNG: 10–12 Jahre
URSPRUNG: Großbritannien
BESCHREIBUNG: stämmiger, muskulöser Hund mit auffällig flachem Schädel und nach unten gebogenem Fang. Das dichte Haarkleid ist kurz. Es kann weiß, schwarz, gestromt, rot, falbfarben oder trikolor sein. Die Ohren sind aufrecht. Die Rute wird horizontal getragen.

STAFFORDSHIRE BULL TERRIER

WIDERRISTHÖHE: 36–41 cm
GEWICHT: 11–17 kg
LEBENSERWARTUNG: 12–14 Jahre
URSPRUNG: Großbritannien
BESCHREIBUNG: kompakter, muskulöser Hund mit breitem Schädel und kraftvollem Kiefer. Die kleinen Ohren sind rosenförmig oder halb spitz. Die sich zur Spitze hin verjüngende Rute ist von mittlerer Länge. Das kurze und glatte Haarkleid kann schwarz, blau, falbfarben oder gestromt sein, häufig mit weißen Abzeichen.

Dieser Bull Terrier ist nach der englischen Grafschaft Staffordshire benannt, wo er als Kampfhund aus Bulldogs und verschiedenen Terrier-Rassen gezüchtet wurde. In dieser Eigenschaft wurde er allerdings bald vom English Bull Terrier in den Schatten gestellt, und 1911, als Hundekämpfe in Großbritannien verboten wurden, nahm seine Beliebtheit dramatisch ab. Die Rasse hielt sich trotzdem und bekam durch selektive Züchtung ein friedlicheres Wesen. Im 20. Jahrhundert nahm die Beliebtheit des Staffordshire Bull Terriers als Begleithund wieder zu. Er ist ein furchtloser, gelegentlich eigensinniger Hund, doch sehr treu, anhänglich und friedlich. In vielen deutschen Bundesländern unterliegt er allerdings der Kampfhundeverordnung.

PATTERDALE TERRIER

Dieser Terrier stammt aus der Gegend um Patterdale, einer Ortschaft im britischen Lake District, wo er auch als Fell oder Black Fell Terrier bekannt ist. Zwar werden andere Gebrauchsterrier wie der Lakeland Terrier, der aus derselben Region stammt, gelegentlich ebenfalls als Patterdale oder Fell Terrier bezeichnet, doch lässt sich der eigentliche Patterdale an seinem sehr soliden, kompakten Körperbau, seinem breiten Schädel und dem leicht bullterrierartigen Ausdruck erkennen. Man nimmt an, dass der Patterdale Terrier aus Bull und Border Terriern gezüchtet wurde, was ihn zu einem überaus mutigen und hartnäckigen Hund mit kraftvollem Biss, aber grundsätzlich freundlichem Wesen macht. Er wurde vor allem auf Nager, Hasen und Füchse angesetzt, besonders unter unwirtlichen Bedingungen und in schwer zugänglichem Gelände, auf dem größere Hunde ihrer Beute nicht folgen konnten. Der Patterdale Terrier besitzt auch die nötige Schärfe, um einen Dachs anzugreifen.

WIDERRISTHÖHE: 25–30 cm
GEWICHT: 5–6 kg
LEBENSERWARTUNG: 11–13 Jahre
URSPRUNG: Großbritannien
BESCHREIBUNG: kleiner, aber gut gebauter Terrier mit breitem Kopf, kleinen Klappohren und recht kurzer Rute. Das kurze und spröde Haarkleid ist schwarz, schwarz und lohfarben, rot oder braun.

AIREDALE TERRIER

Diese Rasse stammt aus dem Aire Valley in der englischen Grafschaft South Yorkshire und ist der größte aller Terrier, weshalb er auch als „König der Terrier“ gilt. Als Kreuzung aus Otterhound und Old English Black and Tan Terrier ist er ein leidenschaftlicher Schwimmer und wurde ursprünglich für die Otter-, Frettchen-, Wiesel- und Rattenjagd eingesetzt. Bis ins späte 19. Jahrhundert war er gemeinhin als Waterside Terrier bekannt. Der Airedale ist ein intelligentes und vielseitiges Tier, das in Großbritannien, Frankreich und der UdSSR als Diensthund bei der Polizei und in beiden Weltkriegen als Wachposten, Nachrichten- und Materialüberbringer eingesetzt wurde, ebenso bei der Hochwildjagd oder als Blindenführhund. Auch wenn einige Linien diese Aufgaben immer noch übernehmen, ist die Rasse heute doch überwiegend als treuer und mutiger Begleithund bekannt.

Widerristhöhe: 56–61 cm
Gewicht: 18–25 kg
Lebenserwartung: 10–12 Jahre
Ursprung: Großbritannien
Beschreibung: großer, drahthaariger Terrier mit langem flachem Schädel und breitem Brustkorb. Das Haarkleid ist lohfarben mit schwarzem Sattel und schwarzen Abzeichen auf Hals und Oberseite der Rute.

SOFT-COATED WHEATEN TERRIER

WIDERRISTHÖHE: 43–49 cm
GEWICHT: 14–20 kg
LEBENSERWARTUNG: 12–14 Jahre
URSPRUNG: Irland
BESCHREIBUNG: großer, aber kompakter Terrier mit rechteckigem Schädel und kurzem, starkem Fang. Die dreieckigen Ohren fallen nach vorn. Die Rute wird aufrecht getragen. Das Haarkleid ist weich, seidig und leicht gewellt. Bei der Geburt ist es schwarz und wird bis zum zweiten Lebensjahr weizenfarben.

Auch wenn dieser Terrier erst 1937 vom Irish Kennel Club als Rasse anerkannt wurde, gilt er doch als der älteste irische Terrier und als Vorfahre einiger anderer, etwa des Kerry Blue Terriers. Er gehört zu den hochläufigen Terrier-Rassen und wurde als Haus- und Hofhund entwickelt, der Viehherden trieb und hütete. Außerdem jagte er Ungeziefer und Kleinwild wie Kaninchen, Dachse oder Otter. Der heutige Wheaten Terrier ist nach wie vor ein sehr hartnäckiger Hund und ein begieriger Ratten- und Kaninchenjäger. Zwar ist er nicht so einfach zu führen wie andere Rassen, beweist sich aber, wenn er früh erzogen und sozialisiert wird, als anhänglicher und lebhafter Familienhund. Anderen Hunden gegenüber verhält er sich weniger aggressiv als andere Terrier-Rassen.

KERRY BLUE TERRIER

Nach der Grafschaft Kerry in Irland benannt, wo er im 18. oder 19. Jahrhundert herausgezüchtet wurde, gilt der Kerry Blue Terrier heute als eine der irischen Nationalrassen und ist ebenfalls unter dem Namen Irish Blue Terrier bekannt. Seine genauen Wurzeln sind unbekannt, doch nimmt man an, dass vor allem Irish, Welsh, Bedlington und Wheaten Terrier zu seinen Vorfahren gehören. Auch der Portugiesische Wasserspaniel wird aufgrund seiner großen Wasserliebe und seines markanten Haarkleids häufig als möglicher Vorfahre angeführt. Der Kerry Blue Terrier war ein vielseitiger Hofhund und wurde als Nager- und Kleinwildjäger, Apportier-, Hüte- und Wachhund eingesetzt. Überraschender ist vielleicht seine frühere Funktion als Polizeihund. Heute gilt die anhängliche, wenn auch etwas ungestüme Rasse als geeigneter Begleithund.

WIDERRISTHÖHE: 46–51 cm
GEWICHT: 15–18 kg
LEBENSERWARTUNG:
12–14 Jahre
URSPRUNG: Irland
BESCHREIBUNG:
mittelgroßer, muskulöser Terrier mit weichem gelocktem oder gewelltem Haarkleid in verschiedenen Blauschattierungen, häufig mit dunkleren Flecken. Der Kopf ist lang mit buschigem Kinn- und Schnauzbart und Augenbrauen. Die dreieckigen Ohren sind nach vorn geklappt. Die dünne Rute wird aufrecht getragen.

LAKELAND TERRIER

WIDERRISTHÖHE: 32–38 cm
GEWICHT: 7–8 kg
LEBENSERWARTUNG: 12–14 Jahre
URSPRUNG: Großbritannien
BESCHREIBUNG: mittelgroßer, drahthaariger Terrier mit länglichem Schädel und buschigem Gesichtshaar. Die kleinen Ohren sind nach vorn geklappt. Das Fell ist dunkelgrau, schwarz und loh, blau und loh, rot, weizenfarben, leberbraun, blau oder schwarz, häufig mit dunklerem Sattel.

Der Lakeland Terrier ist eine mittelgroße, drahthaarige Rasse, die aus dem Lake District in Nordengland stammt. Früher wurde er auch als Patterdale oder Fell Terrier bezeichnet. Diese Namen trug aber auch eine ähnliche, aus derselben Gegend stammende Rasse – etwas kleiner und mit kürzerem, oft dunklem und weniger üppigem Haarkleid. In jenen entlegenen englischen Regionen war die Züchtung guter Arbeitsterrier von größerer Bedeutung als die Einhaltung von Rassestandards oder die namentliche Unterscheidung zweier Rassen, und so wurde die Bezeichnung „Patterdale" eher für einen bestimmten Terriertyp als für eine Rasse verwendet. Der Lakeland Terrier ging aus der Kreuzung zwischen Old English Wire-haired und Bedlington Terrier hervor und wurde ursprünglich für die Ratten- und Mäusejagd und die Jagd auf größere Säuger wie Fuchs, Dachs oder Otter eingesetzt. Mittlerweile ist er ein beliebter Begleit- und Ausstellungshund.

WELSH TERRIER

Mit seinen langen Läufen und dem drahtigen Fell sieht der Welsh Terrier wie eine verkleinerte Ausgabe des Airedales oder ein etwas stämmigerer Lakeland Terrier aus. Wie der Airedale wurde auch der Welsh Terrier im 19. Jahrhundert entwickelt. Seine eigentliche Aufgabe bestand in der Jagd auf Ratten, aber auch auf größere Tiere, die als Ungeziefer galten, wie Frettchen, Dachs, Otter und Fuchs. Er wurde häufig in Otter- und Foxhound-Meuten mitgeführt, weil er Orte erreichte, die den größeren Hunden unzugänglich waren. Zum ersten Mal wurde er 1884 in Großbritannien ausgestellt, 1886 schließlich wurde ein Zuchtverein gegründet und die Rasse vom British Kennel Club anerkannt. Zwei Jahre später wurde er in die USA exportiert und auf beiden Seiten des Atlantiks zu einem beliebten Ausstellungs- und Begleithund.

Widerristhöhe: 36–39 cm
Gewicht: 9–10 kg
Lebenserwartung: 10–12 Jahre
Ursprung: Großbritannien
Beschreibung: kompakter, aber relativ hochläufiger Terrier mit langem, rechteckigem Schädel, buschigen Augenbrauen, Kinn- und Schnauzbart. Die dreieckigen Ohren sind nach vorn geklappt, die hoch angesetzte Rute wird aufrecht getragen. Das drahtige Haarkleid ist schwarz oder schwarzgrau mit Loh.

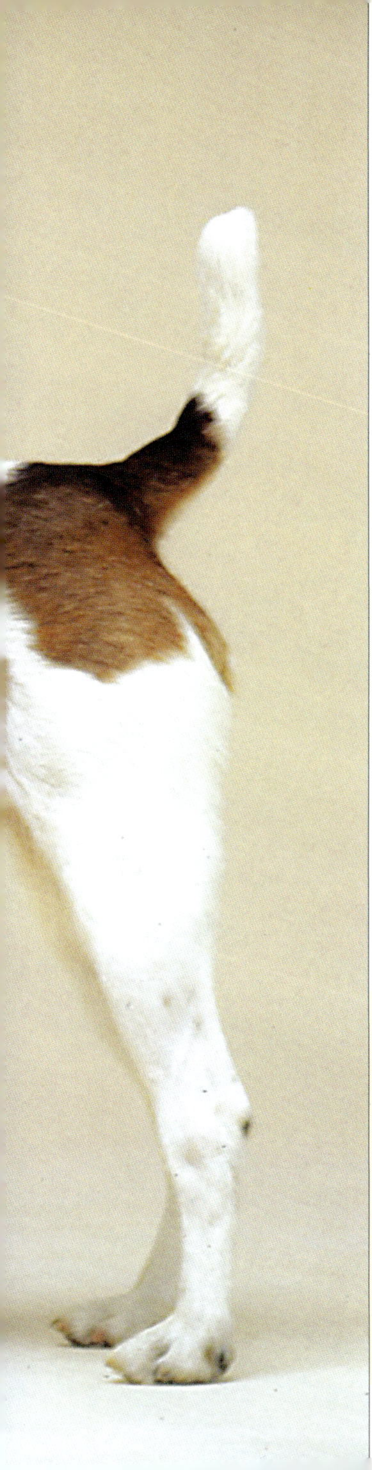

FOXTERRIER (GLATT- ODER DRAHTHAARIG)

Früher galten sie als zwei Varietäten einer Rasse, seit einigen Jahren werden der Wire Fox Terrier (drahthaarig) und der Smooth Fox Terrier (glatthaarig) aber als zwei verschiedene Rassen gehandelt, auch wenn sie bis auf die Beschaffenheit ihres Fells weitgehend identisch sind. Beide wurden bei der Fuchsjagd zusammen mit Laufhunden eingesetzt, um Füchse in ihrem Bau aufzuspüren. Sie erwiesen sich aber auch als ausgezeichnete Ratten- und Kleintierjäger. Man nimmt an, dass sie unabhängig voneinander entwickelt wurden, wobei sich der drahthaarige Hund eher für raueres Gelände empfiehlt. Einige Quellen lassen vermuten, dass dieser aus Kreuzungen zwischen dem glatthaarigen Foxterrier und älteren drahthaarigen Terriern hervorging, während andere den glatthaarigen Foxterrier als die jüngere Züchtung bezeichnen. Beide Rassen sind energiegeladene, neugierige und verspielte Tiere, die heute hauptsächlich als Begleithunde gehalten werden. Sie können ungestüm und aggressiv werden, besonders gegenüber anderen Hunden, Katzen und wild lebenden Tieren; außerdem sind sie sehr bellfreudig.

Widerristhöhe: 33–41 cm
Gewicht: 6–9 kg
Lebenserwartung: 13–15 Jahre
Ursprung: Großbritannien
Beschreibung: hochläufiger Terrier mit kurzem Rücken, schlankem, keilförmigem Kopf, kleinen Klappohren und hoch angesetzter Rute, die jedoch nicht über den Rücken gezogen wird. Das Haarkleid ist überwiegend weiß mit schwarzen und/oder lohfarbenen Platten und je nach Rasse glatt oder rauhaarig.

BEDLINGTON TERRIER

WIDERRISTHÖHE: 38–43 cm
GEWICHT: 8–10 kg
LEBENSERWARTUNG: 12–16 Jahre
URSPRUNG: Großbritannien
BESCHREIBUNG: schlanker, hochläufiger Terrier mit geschwungenem Rücken und schmalem, gerundetem Schädel. Sein dichtes, drahtig wirkendes gewelltes Haarkleid verleiht der Rasse ihr schafartiges Aussehen. Es ist blau, blau und lohfarben oder leber- und sandfarben.

Das lammartige Äußere des Bedlington Terriers täuscht über seine Ausdauer, Hartnäckigkeit und Furchtlosigkeit hinweg. Die gelegentlich auch als Rothbury Terrier bezeichnete zähe und langlebige Rasse wurde im 19. Jahrhundert in der Gegend von Rothbury an der schottisch-englischen Grenze für die Jagd auf Ratten, Kaninchen, Hasen, Füchse, Otter und Dachse, aber auch als Kampfhund herausgezüchtet. Man geht davon aus, dass Dandie Dinmont Terrier, der Whippet und verschiedene drahthaarige Terrier-Rassen zu seiner Entwicklung beigetragen haben. Heutzutage wird er häufig mit Greyhounds oder Whippets gepaart, um Lurcher zu erhalten. Der Bedlington Terrier ist ein anhängliches und treues Haustier. Er benötigt allerdings eine frühe Sozialisation, um die tendenzielle Aggressivität anderen Hunden gegenüber einzuschränken.

IRISH TERRIER

Der Irish Terrier, auch Irish Red Terrier genannt, wurde erst nach der Gründung diverser Zuchtvereine im 19. Jahrhundert standardisiert, gehört aber zu den ältesten Terrier-Rassen. Er stammt aus der Grafschaft Cork in Irland, wo er über Jahrhunderte als Wach- und Hütehund, als Rattenjäger und als Diensthund bei Polizei und Militär eingesetzt wurde. Ungeachtet seiner relativ geringen Größe ist der Irish Terrier ein unglaublich hartnäckiger und außergewöhnlich mutiger Hund. Darüber hinaus ist er ein treuer, anhänglicher und beschützender Gefährte, der Haus und Familie selbstlos verteidigt. Er kann etwas eigensinnig sein und verhält sich anderen Hunden gegenüber häufig aggressiv. Deshalb sollte er früh geführt und intensiv sozialisiert werden. Er ist ein sehr aktiver, neugieriger und lebhafter Hund, der viel körperliche wie auch geistige Anregungen benötigt.

WIDERRISTHÖHE: 46–48 cm
GEWICHT: 11–12 kg
LEBENSERWARTUNG: 12–14 Jahre
URSPRUNG: Irland
BESCHREIBUNG: recht großer Terrier mit langem Kopf, Kinn- und Schnauzbart sowie buschigen Augenbrauen. Die kleinen dreieckigen Ohren sind nach vorn geklappt. Die hoch angesetzte Rute ist relativ lang und wird gerade getragen. Das kurze Haarkleid ist drahtig und kann rot, gold- oder weizengelb sein.

BORDER TERRIER

Der Border Terrier, der vermutlich aus dem Dandie Dinmont und anderen Terriern hervorging, stammt aus dem Gebiet der Cheviot Hills an der Grenze (engl.: border) zwischen England und Schottland. Dort wurde er vornehmlich zur Mäuse-, Ratten- und, trotz seiner geringen Größe, Fuchs-, Marder- und Otterjagd eingesetzt. Mit seinen relativ langen Läufen und seiner unerschöpflichen Ausdauer konnte der Hund mit den berittenen Jägern Schritt halten und scheute sich aufgrund seiner Hartnäckigkeit auch nicht, Dachse anzugreifen, während sein drahtiges Haarkleid ihn vor den häufig widrigen Witterungsverhältnissen schützte. Wie viele Terrier-Rassen, die vornehmlich als Hof- und Gebrauchshund für die Ungezieferjagd gehalten wurden – und heute noch werden –, hat sich auch der Border Terrier allmählich zu einem beliebten Haustier entwickelt und wird heute überwiegend als Familien- und Ausstellungshund gehalten. Das anhängliche und gelehrige Tier ist günstig in der Fütterung und ein guter, wenngleich äußerst lebhafter Gefährte. Für einen Hund seiner Größe benötigt er sehr viel Auslauf.

Widerristhöhe: 28–31 cm
Gewicht: 5–7 kg
Lebenserwartung: 12–16 Jahre
Ursprung: Großbritannien
Beschreibung: kleiner Terrier mit kurzem Fang, kleinen Ohren und recht kurzer, sich zur Spitze verjüngender Rute, die oft in gleicher Höhe mit der Rückenlinie getragen wird. Das spröde und raue Haarkleid kann rot, weizenfarben, meliert und lohfarben oder blau und lohfarben sein. Weiße Brustabzeichen sind nicht selten.

GLEN OF IMAAL TERRIER

WIDERRISTHÖHE: 33–36 cm
GEWICHT: 14–16 kg
LEBENSERWARTUNG: 12–14 Jahre
URSPRUNG: Irland
BESCHREIBUNG: mittelgroßer, kurzläufiger Terrier mit länglichem Gebäude, kleinen Ohren und kurzer, hoch angesetzter Rute. Das Haarkleid ist hart und zottig und kann rot, blau, gestromt oder weizenfarben sein.

Bis ins 19. Jahrhundert, als durch selektives Züchten klarer definierte Rassen entstanden, wurden wenige Unterscheidungen zwischen den Terriern vorgenommen, auch wenn verschiedene Rassen schon wesentlich früher anerkannt waren. Der Glen of Imaal ist bis zum heutigen Tag relativ wenig verfeinert und hat Merkmale einiger früher Terrier-Rassen, wie die leicht nach außen gestellten Pfoten und die kleinen halb aufgerichteten Rosenohren. Die Rasse wurde nach dem Tal Glen of Imaal in der Grafschaft Wicklow in Irland benannt, woher sie vermutlich stammt und wo sie als Ungezieferjäger eingesetzt wurde. Der zähe und stille Jäger wird auch heute noch für diese Aufgabe gebraucht, hauptsächlich aber als Familienhund gehalten. Hunde dieser Rasse sind anhängliche, treue und lebhafte Haustiere, können allerdings wie viele Terrier etwas dickköpfig und aggressiv gegenüber anderen Hunden sein.

MANCHESTER TERRIER

Der Manchester Terrier wurde vermutlich aus dem Whippet und dem alten Black and Tan Terrier gezüchtet und wird mitunter immer noch als Black and Tan Terrier bezeichnet, umgangssprachlich aber auch, wegen seiner ausgezeichneten Qualitäten als Ungezieferjäger, als Rat Terrier. Dieser Name wird jedoch heute für eine andere Rasse gebraucht, die in den USA aus Manchester Terriern und anderen Rassen, darunter dem Beagle, gezüchtet wurde. Der intelligente, hartnäckige und agile Manchester Terrier wurde neben der Rattenjagd auch bei der Kaninchenjagd eingesetzt, wird heute jedoch überwiegend als Familienhund gehalten. Er ist in der Regel anhänglich, verspielt und freundlich, kann aber auch dickköpfig und Fremden gegenüber misstrauisch sein. Deshalb sollte er früh sozialisiert werden. Eine kleinere Form dieser Rasse ist der English Toy Terrier.

Widerristhöhe: 38–41 cm
Gewicht: 5–10 kg
Lebenserwartung: 13–15 Jahre
Ursprung: Großbritannien
Beschreibung: kleiner, eleganter Terrier. Der Fang ist lang und spitz zulaufend. Rücken und Lende sind lang und geschwungen, die kleinen Ohren nach vorn geklappt. Die dünne Rute verjüngt sich zur Spitze hin. Das kurze Haarkleid ist glatt und schwarz mit lohfarbenem Brand.

PARSON JACK RUSSELL TERRIER

Dieser oft auch kurz Jack Russell genannte kompakte Terrier hat seinen Namen von dem englischen Pastor (engl.: parson) John „Jack“ Russell, der die Rasse im 19. Jahrhundert aus mehreren Terrier-Rassen entwickelte. Bei den heutigen Hunden gibt es große Unterschiede in Größe, Form, Gewicht und Beschaffenheit des Haarkleides. Der FCI unterscheidet zwischen dem Parson Russell und dem Jack Russell Terrier. Außer für die Ungezieferjagd wurde der Russell auch für die Jagd auf größere Tiere wie den Fuchs eingesetzt, den er aus seinem Bau trieb bzw. ausgrub. Mutig und unverwüstlich im Freien, ist der Russell Terrier auch drinnen sehr verspielt und kann, wenn er nicht früh geführt wird, etwas eigensinnig werden. Auch sollte er gut sozialisiert werden, sonst zeigt er sich anderen Hunden gegenüber häufig aggressiv.

WIDERRISTHÖHE: 25–38 cm
GEWICHT: 6–8 kg
LEBENSERWARTUNG: 13–15 Jahre
URSPRUNG: Großbritannien
BESCHREIBUNG: kleiner, kompakter Terrier mit muskulösem Hals und recht schmalem Brustkorb. Die dreieckigen Ohren sind nach vorn geklappt. Die mäßig hoch angesetzte Rute ist gerade und verjüngt sich zur Spitze hin. Das Haarkleid ist glatt, stichel- oder drahthaarig und hauptsächlich weiß mit schwarzen, roten, lohfarbenen oder braunen Abzeichen.

AUSTRALIAN TERRIER

WIDERRISTHÖHE: 23–28 cm
GEWICHT: 4–6 kg
LEBENSERWARTUNG: 12–15 Jahre
URSPRUNG: Australien
BESCHREIBUNG: kleiner, niederläufiger Terrier mit recht langem Gebäude und kleinen aufrechten Ohren. Das raue Haarkleid ist von mittlerer Länge mit deutlicher Halskrause. Kürzer ist das Haar an den Pfoten. Das Fell kann blau und lohfarben, sandfarben oder rot sein. Die Rute ist hoch angesetzt und wird nicht über den Rücken gezogen getragen.

Zwar ist der Australian Terrier eine der wenigen Terrier-Rassen, die außerhalb der Britischen Inseln gezüchtet wurden, doch lassen sich seine Wurzeln bis dorthin zurückverfolgen. Er gehört zu den kleinsten Arbeitsterriern, verfügt aber über das Selbstvertrauen eines großen. Ursprünglich wurde er für die Jagd auf Ratten und Schlangen, als Wachhund und zum Schafehüten eingesetzt, und schon immer war er ein treuer Begleiter und geeigneter Familienhund, auch wenn er aufgrund seiner hohen Intelligenz und großen Energie viel beschäftigt werden möchte. Diese Rasse sollte beim Auslauf möglichst gut beaufsichtigt werden, da sie alle kleineren Tiere wie Kaninchen, Eichhörnchen oder Katzen jagt. Im Allgemeinen ist der Australian Terrier leichter abzurichten als andere Terrier-Rassen.

NORFOLK TERRIER

Dieser kleine, zähe Hund wurde erst 1964 als eigenständige Rasse anerkannt und gehört somit zu den jüngsten zugelassenen Terrier-Rassen. Bis dahin galt er als hängeohrige Varietät des Norwich Terriers. Wie dieser war auch der Norfolk Terrier ursprünglich ein Hofhund, der die Ratten- und Kaninchenpopulation in den Wirtschafts- und Wohngebäuden sowie auf den Feldern regulierte. Doch jagt er auch bereitwillig unter der Erde, denn er ist klein genug und besitzt die nötige Schärfe, um Füchse aus ihrem Bau zu treiben. Außerdem wurde er früher in der Meute auf die Fuchsjagd mitgenommen, was dazu führte, dass diese Rasse besser mit anderen Hunden auskommt als jede andere Terrierart. Der anhängliche und aktive Norfolk Terrier ist ein geeigneter Familienhund, der die Bewegung im Freien liebt.

Widerristhöhe: 23–25 cm
Gewicht: 5–6 kg
Lebenserwartung: 12–14 Jahre
Ursprung: Großbritannien
Beschreibung: kleiner, kompakter und eckiger Terrier mit kleinen Klappohren. Die Rute ist von mittlerer Länge und verjüngt sich zur Spitze hin. Das drahtige Haarkleid kann rot, weizenfarben, schwarz und lohfarben oder meliert sein, gelegentlich mit weißen Abzeichen.

CAIRN TERRIER

Diese Rasse, die früher als Short-haired Skye Terrier bekannt war, stammt von ebenjener Insel Skye vor der Nordwestküste Schottlands. Er zählt wohl zu den ältesten Terrier-Rassen und gilt als Vorfahre einiger anderer schottischer Terrier wie des Skyes oder des West Highland White Terriers. Sein Name leitet sich von „cairn", dem gälischen Wort für Steinhaufen ab, die seit dem Altertum auf der Insel als Markierungen dienten und unter denen der Hund Tiere wie Ratten, Füchse, Dachse und andere Kleinsäuger aufstöberte, die als Ungeziefer galten. Heute wird der überaus aktive, neugierige, anhängliche und leicht zu führende Cairn Terrier vornehmlich als Begleithund gehalten. Er eignet sich für Obedience-Wettbewerbe und lässt sich gern Kunststückchen beibringen.

WIDERRISTHÖHE: 23–33 cm
GEWICHT: 6–8 kg
LEBENSERWARTUNG: 12–14 Jahre
URSPRUNG: Großbritannien
BESCHREIBUNG: kleiner, zottiger Terrier mit breitem Kopf und relativ kurzem Fang. Die kleinen Ohren stehen aufrecht. Die Rute ist kurz. Das mittellange Haarkleid kann cremefarben, grau, rot, anthrazit oder gestromt sein.

NORWICH TERRIER

Widerristhöhe: 23–25 cm
Gewicht: 5–6 kg
Lebenserwartung:
12–14 Jahre
Ursprung: Großbritannien
Beschreibung:
kleiner, stämmiger rundlicher Terrier mit fuchsähnlichem Fang. Die Ohren sind aufrecht und die Rute verjüngt sich zur Spitze hin und wird gerade getragen. Das drahtige Haarkleid kann rot, weizenfarben, schwarz und lohfarben oder meliert sein.

Der Norwich Terrier gehört zu den kleinsten Arbeitsterriern und wurde aus dem Black and Tan Terrier herausgezüchtet, vermutlich mit der späteren Einkreuzung von Staffordshire-Bull-, Bedlington- und Irish-Terrier-Schlägen. Die Rasse lässt sich vom sehr ähnlichen Norfolk Terrier durch die aufrechten und nicht nach vorn geklappten Ohren und die etwas kantige Statur unterscheiden. Ursprünglich war er ein Hofhund, der Ratten und Kaninchen jagte. Doch da er wie fast alle Terrier ein hartnäckiges und für seine Größe starkes Tier mit kräftigem Biss ist, wurde er auch eingesetzt, um den Fuchs zum Springen zu bringen, wenn er sich bei einer Parforcejagd in seinen Bau verschanzt hatte. Heute wird der anhängliche und verspielte Norwich Terrier hauptsächlich als Begleithund gehalten.

DANDIE DINMONT TERRIER

Zwar sind einige Terrier-Rassen schon sehr lange bekannt, bis zum frühen 19. Jahrhundert jedoch wurden keine großen Unterscheidungen vorgenommen. Der Dandie Dinmont Terrier gehörte 1815 zu den ersten mit einem Namen versehenen Rassen. Dieser stammt von einer Romangestalt aus Sir Walter Scotts *Guy Mannering*, dem Terrierbesitzer Dandie Dinmont. Der Dandie Dinmont Terrier wurde eingesetzt, um die Nagerpopulation auf Bauernhöfen in Grenzen zu halten und um Kaninchen, Otter, Füchse, Frettchen und Dachse zu jagen. Auch wenn er heute überwiegend als Begleithund gehalten wird, so hat er seinen ausgeprägten Jagdinstinkt dennoch bewahrt. Deshalb kann die eigentlich anhängliche, intelligente und lebhafte Rasse auch unabhängig, eigensinnig und dickköpfig sein.

WIDERRISTHÖHE: 20–28 cm
GEWICHT: 8–11 kg
LEBENSERWARTUNG: 12–14 Jahre
URSPRUNG: Großbritannien
BESCHREIBUNG:
kleiner, niederläufiger Terrier mit befederten Behängen und kurzer Rute, die sich zur Spitze hin verjüngt und in einer Kurve nach oben getragen wird. Das markante Haarkleid besteht aus weicher, flauschiger Unterwolle und härterem Deckhaar mit einem seidigen Haarknoten („topknot“) auf dem Kopf. Es kann pfeffer- oder senffarben sein.

WEST HIGHLAND WHITE TERRIER

Gelegentlich wird der anhängliche West Highland White Terrier, kurz Westie, für die weiße Varietät des Cairn Terriers gehalten, dabei handelt es sich sehr wohl um eine eigenständige Rasse. Wie bei vielen schottischen Terriern dürfte aber auch bei ihm Cairn-Terrier-Blut in den Adern fließen. Der Westie, so wie wir ihn heute kennen, wurde im 19. Jahrhundert, im Wesentlichen von Colonel E. D. Malcolm in Poltalloch im schottischen Argyllshire, entwickelt und war eine Zeit lang auch als Poltalloch Terrier bekannt. Der zähe und unnachgiebige Hund wurde früher für die Jagd auf Füchse und Ungeziefer in den bergigen Highlands eingesetzt. Auch wenn der Westie nichts von seiner Schärfe und Agilität verloren hat, ist er doch ein verspieltes und anhängliches Tier, das sich in menschlicher Gesellschaft überaus wohl fühlt und relativ einfach zu führen ist. Seit er 1907 das erste Mal ausgestellt wurde, ist er ein sehr beliebter Familien- und höchst erfolgreicher Ausstellungshund.

Widerristhöhe: 23–30 cm
Gewicht: 7–10 kg
Lebenserwartung: 13–15 Jahre
Ursprung: Großbritannien
Beschreibung: kleiner, kompakter Terrier mit dichtem und zottigem weißen Haarkleid und fuchsähnlichem Gesicht. Die kleinen spitzen Ohren stehen aufrecht. Die mittellange Rute wird fröhlich getragen.

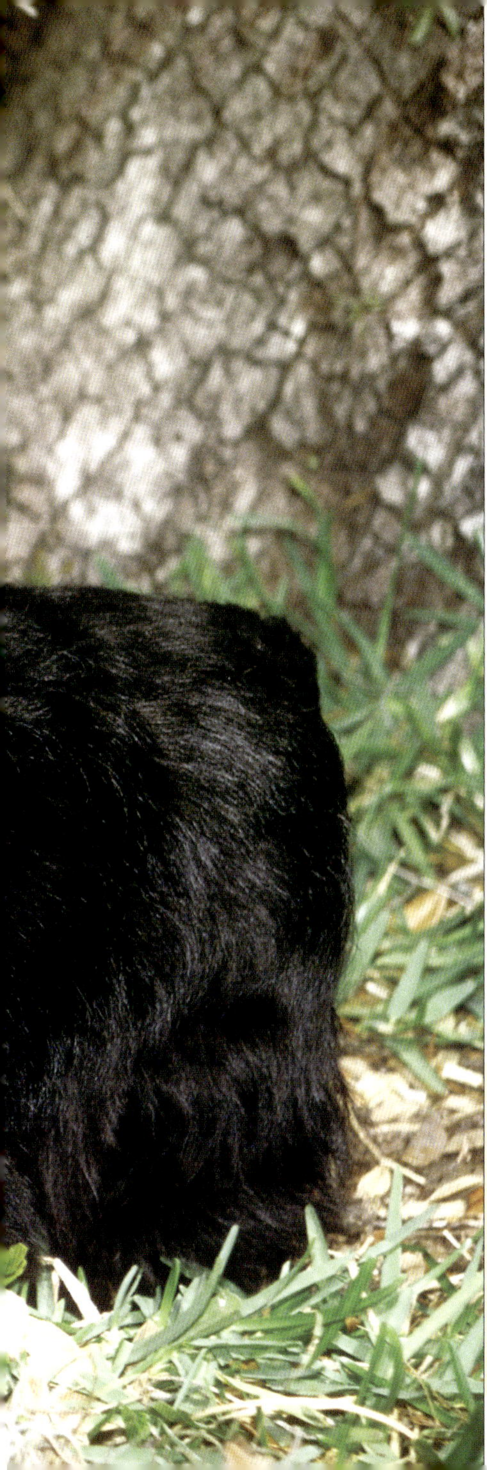

SCOTTISH TERRIER

Gemeinhin auch als Scottie bekannt, fällt dieser kleine Terrier vor allem durch seine kurzen Läufe, den länglichen Kopf und das buschige Gesichtshaar auf. Er stammt aus den schottischen Highlands und von den westschottischen Inseln und wurde in einer frühen Form bereits im 18. Jahrhundert entwickelt. In seiner jetzigen Form allerdings ist er erst seit dem späten 19. Jahrhundert bekannt, als er zum ersten Mal ausgestellt wurde. Zunächst wurde er als Aberdeen Terrier bezeichnet, bei seiner Anerkennung durch den British Kennel Club 1897 aber offiziell als Scottish Terrier registriert. Der starke, zähe und aktive niederläufige Hund wurde früher als Rattenjäger, aber auch für die Jagd auf größere Säuger in ihren Bauen wie Kaninchen, Füchse, Otter oder Dachse eingesetzt. Heute ist er in vielen Ländern ein beliebter Gefährte und erfolgreicher Ausstellungshund.

WIDERRISTHÖHE: 25–28 cm
GEWICHT: 8–10 kg
LEBENSERWARTUNG: 12–14 Jahre
URSPRUNG: Großbritannien
BESCHREIBUNG: kompakter, niederläufiger Terrier mit länglichem Fang und buschigem Gesichtshaar. Die spitzen Ohren sind aufrecht. Die Rute ist von mittlerer Länge. Das Haarkleid ist spröde und kann schwarz, grau, weizenfarben oder gestromt sein.

RAT TERRIER

WIDERRISTHÖHE: 25–48 cm
GEWICHT: 3–16 kg
LEBENSERWARTUNG: 14–16 Jahre
URSPRUNG: USA
BESCHREIBUNG: kompakter, aber muskulöser Hund mit tiefem Brustkorb, kleinem Schädel und spitzem Fang. Die Ohren sind relativ groß und in der Regel aufrecht. Die Rute kann kurz oder lang sein, die Fellfarbe rot, rot und weiß oder schwarz und loh.

Rat-Terrier-Typen unterschiedlicher Größe wurden in Großbritannien aus Manchester Terriern und glatthaarigen Foxterriern gezüchtet. Der eigentliche Rat Terrier wurde aber in den USA durch die weitere Einkreuzung von Fox-Terrier-Blut sowie Whippet-, Windspiel- und Beagle-Schlägen entwickelt. Das Resultat war ein Hund, der Terrier- und Windhundqualitäten in sich vereint, mit einem ausgeprägten Jagdinstinkt, ausgezeichneten Rattenjagd-Eigenschaften und gehorsamem Wesen. Bei einigen kleineren Tieren werden glatthaarige Foxterrier, Chihuahua und andere Rassen als Vorfahren vermutet. Der Rat Terrier ist ein ausgezeichneter Hof-, Wach- und Begleithund – lebhaft und anhänglich. Als junger Hund kann er allerdings etwas eigensinnig sein.

AUSTRALIAN SILKY TERRIER

Der Silky Terrier sieht dem Yorkshire Terrier sehr ähnlich, und man vermutet, dass er im 19. Jahrhundert aus Australian und Yorkshire Terriern gezüchtet wurde, mit späteren Einkreuzungen von Dandie Dinmont und Skye Terriern, um die Fellqualität zu verbessern. Die Standards der meisten Hundeorganisationen verlangen für den Silky Terrier eher ein blau-lohfarbenes als ein stahlgrau-lohfarbenes Haarkleid. Es sollte auch nie bis zum Boden reichen wie beim Yorkshire. Die Rasse etablierte sich zunächst in Sydney und war bis zum Zweiten Weltkrieg außerhalb Australiens kaum bekannt. Erst in Australien stationierte US-Soldaten brachten die Rasse mit in die USA. Heute ist der Silky Terrier auf der ganzen Welt ein beliebter Begleiter und Ausstellungshund, der seine terriertypische Hartnäckigkeit bewahrt hat und ein vorzüglicher Rattenjäger ist.

Widerristhöhe: 23–25 cm
Gewicht: 4–5 kg
Lebenserwartung: 12–14 Jahre
Ursprung: Australien
Beschreibung: kompakter, leicht gebauter Langhaarterrier mit aufrechten Ohren und hoch angesetzter Rute. Das Haarkleid ist fein und vorzugsweise blau-lohfarben.

YORKSHIRE TERRIER

Ungeachtet seines niedlichen Aussehens, das häufig durch Zöpfe und kleine Haarschleifen auf dem Kopf betont wird, wurde der Yorkshire Terrier ursprünglich zur Jagd auf Ratten und anderes Ungeziefer eingesetzt und war größer als die heutigen Hunde. Er wurde aus den mittlerweile ausgestorbenen Clydesdale, Skye und Black and Tan Terriern sowie Maltesern entwickelt. In einem selektiven Zuchtverfahren wurde die Rasse immer kleiner gezüchtet, um den Schoß- und sehr erfolgreichen Ausstellungshund zu erhalten, wie wir ihn heute kennen. Sein ursprünglicher Name war Broken-haired Scottish Terrier. Da aber seine wesentliche Entwicklung in der englischen Grafschaft York stattfand, wurde die Rasse bei der offiziellen Anerkennung durch den British Kennel Club 1889 als Yorkshire Terrier registriert. Auch wenn er im Allgemeinen ein anhängliches Tier ist, so liegt ihm doch eine gewisse, für Terrier typische Dickköpfigkeit im Blut, und er kann aggressiv auf andere Hunde, Fremde oder kleine Tiere reagieren.

Widerristhöhe: 15–23 cm
Gewicht: 2–3 kg
Lebenserwartung: 12–14 Jahre
Ursprung: Großbritannien
Beschreibung: kleiner, aber robuster Terrier mit auffälligem stahlblau-lohfarbenem Haarkleid, das lang und seidig vom Rücken fällt und bis auf den Boden reichen kann. Die kleinen Ohren stehen aufrecht. Die Rute ist stark behaart und wird etwas über der Rückenlinie getragen.

SCHOSS- UND BEGLEIT-HUNDE

WOLFSPITZ/ KEESHOND

Der Wolfspitz oder Keeshond, wie er im nicht deutschsprachigen Ausland nach dem holländischen Politiker aus dem 18. Jahrhundert, Cornelis de Gyzeluar, kurz „Kees“, bezeichnet wird, ist der größte Vertreter der Deutschen Spitze. Er hat ein grau gewolktes Haarkleid und wurde auf den Kanalbooten, die zwischen Holland und Deutschland verkehrten, als Rattenfänger und Hüte- und Wachhund eingesetzt. Der intelligente, anhängliche und aufgeweckte Wolfspitz ist ein ausgezeichneter Gefährte, der in der Regel sowohl im Umgang mit Menschen als auch mit anderen Hunden freundlich ist, aber wie alle Spitze auch sehr unabhängig, eigenwillig und sehr bellfreudig gegenüber Fremden sein kann.

WIDERRISTHÖHE: 44–50 cm
GEWICHT: 20–30 kg
LEBENSERWARTUNG: 12–14 Jahre
URSPRUNG: Deutschland
BESCHREIBUNG: größter Vertreter der Spitze mit üppigem grau gewolktem Haarkleid, aufrechten, dreieckigen Ohren und mittellanger Rute, die über dem Rücken gerollt getragen wird.

ZWERGSPITZ/POMERANIAN

Widerristhöhe: 18–22 cm
Gewicht: 2–3 kg
Lebenserwartung: 12–16 Jahre
Ursprung: Deutschland
Beschreibung: der kleinste Vertreter der Deutschen Spitze mit keilförmigem Schädel, spitzen, aufrechten Ohren und stark befederter Rute, die oft über dem Rücken gerollt getragen wird. Das üppige Haarkleid mit mähnenartigem Kragen kann orange, creme, blau, braun, schwarz oder scheckig sein.

Der kleinste der Deutschen Spitze, der Zwergspitz, wurde im 19. Jahrhundert zunächst als Kleinspitz in Pommern herausgezüchtet – daher der Name. Er stammt vermutlich von dem größeren Mittelspitz ab, der als Hof- und Hütehund eingesetzt wurde. Diese Kleinspitze gelangten nach England, wo man sie immer kleiner züchtete. Der englische und amerikanische Pomeranian-Standard hat im Gegensatz zum FCI-Standard keine Größenbeschränkung. Auf allen Hundeschauen werden aber nur Exemplare bis etwa 22 cm vorgestellt. Der Zwergspitz ist ein beliebter Schoßhund. Die intelligente und sehr gelehrige Rasse ist als Dressurhund und Begleiter beliebt. Er ist wie alle Spitze Fremden gegenüber misstrauisch und sehr bellfreudig, was ihn zu einem guten Wachhund macht. Dieses Verhalten kann, falls erwünscht, mit konsequentem Training reduziert werden.

BICHON FRISÉ

Der Ursprung dieser gelockten Bichon-Rasse, auch als Teneriffa-Hund bekannt, geht vermutlich bis auf das 14. Jahrhundert zurück, in dem er auf der Kanareninsel Teneriffa aus einer Kreuzung von Pudel und Wasserspaniel (Barbet) entwickelt wurde. Von dort aus gelangte sie mit Seeleuten in andere Teile Europas, die den Hund häufig als Tauschware anboten. In Frankreich und Spanien erlangte er besonders große Beliebtheit und galt an den königlichen Höfen des 16. Jahrhunderts als bevorzugter Hund, wie viele königliche Porträts beweisen, auf denen er mit abgebildet ist. Im 18. Jahrhundert traf man den Bichon frisé häufig als Gefährten von Drehorgelspielern oder als Zirkushund an. Der mutige und intelligente Hund mit dem folgsamen Wesen ist heute ein beliebter Begleit- und Ausstellungshund.

WIDERRISTHÖHE: 23–30 cm
GEWICHT: 3–5 kg
LEBENSERWARTUNG: 14–16 Jahre
URSPRUNG: Mittelmeerraum
BESCHREIBUNG: kleiner und kompakter Hund mit „Puderquasten"-Haarkleid und federartiger Rute, die über dem Rücken getragen wird. Die kleinen schwarzen Augen und der Nasenschwamm kontrastieren stark mit dem Fell, das ganz weiß sein kann oder Schattierungen in Creme, Apricot oder Grau aufweist.

BOLOGNESER

Widerristhöhe: 23–30 cm
Gewicht: 3–4 kg
Lebenserwartung: 12–14 Jahre
Ursprung: Italien
Beschreibung: kleiner, kompakter Bichon mit rein weißem, flauschigem Haarkleid, das außer am Fang überall lang ist. Die Rute wird in der Regel über dem Rücken getragen.

Der Bologneser gehört zur Gruppe der Bichon-Hunde und wird auch als Bichon Bolognese bezeichnet. Vermutlich wurde die Rasse im 11. bis 12. Jahrhundert aus süditalienischen bichonähnlichen Hunden entwickelt. Wie der Bichon frisé erfreute sich der Bologneser vom 16. bis ins frühe 19. Jahrhundert an den königlichen und adligen Höfen Spaniens und anderer europäischer Monarchien größter Beliebtheit, sind die Hunde doch auf einigen Gemälden so großer Künstler wie Tizian oder Goya zu sehen. Der Bologneser ist generell etwas weniger aktiv als der Bichon frisé, aber dennoch ein verspielter und freundlicher Hund, der seinem Besitzer treu ergeben ist. Er ist intelligent, gelehrig und will gefallen – Wesenszüge, die ihn zu einem idealen Begleit- und Familienhund machen, auch wenn er Fremden gegenüber etwas misstrauisch sein kann.

COTON DE TULÉAR

Der Name der Rasse leitet sich von dem französischen Wort für Baumwolle „coton“ – in Anlehnung an sein flauschiges weißes Fell – und der Stadt Tuléar auf Madagaskar ab. Der Hund wurde dort etwa im 15. Jahrhundert als Nachkomme von bichonähnlichen Hunden, die mit französischen Schiffen auf die Insel gelangten, und möglicherweise lokalen Terriern herausgezüchtet. Auf der Insel entwickelte er sich über viele Jahre hinweg isoliert und erzielte erst vor nicht allzu langer Zeit internationale Beachtung. Dennoch gehört der Coton de Tuléar nach wie vor zu den relativ unbekannten Rassen, auch wenn seine Popularität in Europa und den USA beständig wächst. Er ist ein intelligenter und verspielter Hund, der gern springt und Männchen macht. Die gesunde und langlebige Rasse zeigt keinerlei Anzeichen von Erbkrankheiten oder -schäden.

Widerristhöhe: 23–30 cm
Gewicht: 5–7 kg
Lebenserwartung: 14–16 Jahre
Ursprung: Madagaskar
Beschreibung: kleiner bichonähnlicher Hund mit langem, flauschigem Haarkleid. Es ist in der Regel weiß mit gelblichen Schattierungen an Ohren und Fang, kann aber auch schwarz-weiß sein.

MALTESER

Dieser kleine, langhaarige weiße Bichon ist eine der ältesten europäischen Rassen, deren Existenz sich im Mittelmeerraum bis in das 1. Jahrhundert n. Chr. zurückverfolgen lässt. Die Rasse kam wahrscheinlich auf phönizischen Handelsschiffen nach Malta und war bei Griechen und Römern sehr beliebt. Mit den Kreuzfahrern gelangte der Malteser auf das europäische Festland. Zunächst wurde er nur als Rattenfänger, aber bald auch als Gefährte an den europäischen Adelshöfen geschätzt. Jahrhundertelang war er bei den Damen an den königlichen Höfen ein begehrtes „Accessoire“, Spielzeug und Bettwärmer. Auch heute noch ist der Malteser ein beliebter Schoßhund und seit 1864 auch ein viel gezeigter Ausstellungshund. Fast wie ein Terrier kann er hartnäckig und dickköpfig sein.

Widerristhöhe: 21–25 cm
Gewicht: 2–3 kg
Lebenserwartung: 14–16 Jahre
Ursprung: Malta
Beschreibung: kleiner Bichon mit üppigem, seidigem weißem Haarkleid, das auf dem Rücken gescheitelt ist und bei erwachsenen Hunden bis auf den Boden reichen kann. Die Behänge sind relativ lang. Die befederte Rute wird gerollt über dem Rücken getragen.

LÖWCHEN

WIDERRISTHÖHE: 25–33 cm
GEWICHT: 4–8 kg
LEBENSERWARTUNG: 12–14 Jahre
URSPRUNG: Frankreich
BESCHREIBUNG: kleiner, bichonähnlicher Hund mit kurzem, breitem Schädel, befederten Behängen und mittellanger Rute, die über dem Rücken gerollt getragen wird. Das lange Haarkleid ist gewellt, wird auf besondere Art geschoren und ist schwarz, weiß, zitrone, lohfarben und grau.

Der kleine bichonähnliche Hund ist auch als Petit chien lion bekannt, weil sein Haarkleid löwenähnlich geschoren wird. Die Rasse wurde im 16. Jahrhundert in Frankreich entwickelt und in den folgenden Jahrhunderten weitergezüchtet. Wie der Bichon war auch das Löwchen an vielen europäischen Höfen ein sehr begehrter Begleit- und Schoßhund und wurde von großen Meistern auf einigen königlichen Porträts mit abgebildet. Im 20. Jahrhundert gingen die Bestände wegen sinkender Beliebtheit so weit zurück, dass das Löwchen in den 1960er-Jahren als seltenste Hunderasse galt. Seitdem aber ist das Interesse an diesem lebendigen und anhänglichen Hund wieder gewachsen. Dennoch bleibt er eine relativ seltene Rasse.

TOY PUDEL

Der Toy Pudel ist der kleinste Vertreter der Pudelfamilie, aber davon abgesehen entspricht er in jeder Beziehung den größeren Zwerg-, Klein- und Großpudeln und wird bei Ausstellungen nach denselben Rassestandards beurteilt. Zunächst führte die Verkleinerung, die durch Weiterzüchtung mit den kleinsten und oft auch schwächsten Nachkommen aus Zwergpudelwürfen erreicht wurde, zu Hunden, die häufig fast schon entstellt waren und im Erwachsenenalter nicht selten gesundheitliche Probleme hatten. Trotz dieser Rückschläge und dank der Bemühungen von seriösen Züchtern wurden derartige Probleme beseitigt. Das Ergebnis ist ein Hund, der die ganze Attraktivität, Zähigkeit und Gutartigkeit seiner größeren Verwandten besitzt. Zwar ist der Toy Pudel aufgrund seiner Größe eigentlich ein Schoßhund, doch wird er mitunter wegen der einstigen Verwendung seiner Vorfahren als Gebrauchshund ebenfalls als solcher klassifiziert.

Widerristhöhe: 25–28 cm
Gewicht: 3–6 kg
Lebenserwartung: 12–14 Jahre
Ursprung: Frankreich
Beschreibung: kleiner Hund mit langem, geradem Fang, breiten Behängen und hoch angesetzter Rute. Das Haarkleid ist dicht und lockig. Es wird häufig am ganzen Leib gekürzt – wobei das Fell an der Hinterhand bis zu den Rippen und an den Vorder- und Hinterläufen und an der Rute bis auf einen „Pompon“ entfernt wird – oder auf andere Arten geschoren.

ZWERGPUDEL

Der Zwergpudel wurde aus dem Kleinpudel gezüchtet, und man geht davon aus, dass die Rasse heute etwas größer ist als früher und sich hinsichtlich ihrer Größe am stärksten dem ursprünglichen Pudel annähert. Obwohl der Kleinpudel früher ein Jagdhund war, fehlen dem verfeinerten Zwergpudel heute die physischen Voraussetzungen für diese Aufgabe. Er ist nach wie vor ein sportlicher und gut trainierbarer Hund, was ihn – vor allem in seiner Heimat Frankreich, wo er lange Zeit ein Favorit in den Zirkusmanegen war – zu einem der beliebtesten Dressurhunde gemacht hat. Der Zwergpudel wurde nach dem Zweiten Weltkrieg ein unglaublich beliebter Begleithund, und in den 1960er-Jahren war er wahrscheinlich die am weitesten verbreitete Rasse. Das intelligente und sensible Tier ist auch ein ausgezeichneter Wachhund, und für eine doch relativ kleine Rasse kann er erstaunlich böse werden.

Widerristhöhe: 28–38 cm
Gewicht: 7–8 kg
Lebenserwartung: 12–14 Jahre
Ursprung: Frankreich
Beschreibung: kleiner bis mittelgroßer Hund mit langer, gerader Schnauze, breiten Behängen und einer hoch angesetzten Rute. Das üppige einfarbige Haarkleid ist drahtig und wellig oder lockig und wird häufig am ganzen Leib gekürzt – wobei das Fell an der Hinterhand bis zu den Rippen und an den Vorder- und Hinterläufen und an der Rute bis auf einen „Pompon“ entfernt wird – oder auf andere Arten geschoren. Es kommt in vielen Farben vor.

GRIFFON

Widerristhöhe: 18–20 cm
Gewicht: 4–5 kg
Lebenserwartung: 12–14 Jahre
Ursprung: Belgien
Beschreibung: kompakter Hund mit hoch angesetzter Rute. Die kleinen Ohren sind ebenfalls hoch angesetzt. Das Haarkleid kann kurz und glatt (Petit Brabançon) oder rau und gewellt (Bruxellois und Belge) sein und kommt in den Farben Rot (Bruxellois), Schwarz mit oder ohne lohfarbige Töne (Belge) oder Rotbraun, Schwarz oder Schwarz und lohfarbigen Tönen (Brabançon) vor.

Während die kleinen belgischen Griffons im angelsächsischen Raum in eine Rasse mit zwei Varietäten – in den lang- und rauhaarigen Griffon Bruxellois und den kurzhaarigen Petit Brabançon – eingeteilt werden, sind es beim FCI drei: Neben dem Petit Brabançon, oder Brabanter Griffon, und dem rothaarigen Griffon Bruxellois ist dessen schwarzhaarige Farbvariante, mit oder ohne lohfarbige Töne, unter dem Namen Griffon Belge als eigenständige Rasse anerkannt. Der genaue Ursprung dieser Hunderassen ist nicht ganz geklärt, man nimmt aber an, dass belgische Stallhunde, die Ratten und anderes Ungeziefer verjagten, mit Affenpinschern, Möpsen und King Charles Spanieln gekreuzt wurden. Heute ist der Griffon ein beliebter Begleithund.

CHINESISCHER SCHOPFHUND

Zwar gibt es Belege dafür, dass dieser Hund in China schon vor Jahrtausenden bekannt war, umstritten bleibt jedoch, ob die Rasse tatsächlich aus China, anderen Teilen Asiens, Afrika oder sogar vom amerikanischen Kontinent stammt. Zum ersten Mal wurde er 1885 im Westen gezeigt. Im späten 19. und frühen 20. Jahrhundert wurde er in den USA, bis zur Gründung des American Chinese Crested Club 1979, vor allem durch die Amerikanerinnen Ida Garrett, Debra Woods und Jo Ann Orlik bekannt. Die amerikanische Entertainerin Gypsy Rose Lee machte diese Rasse außerdem auf der ganzen Welt bekannt, und die Stammbäume der meisten Schopfhunde lassen sich heute auf Linien zurückverfolgen, die sie oder Debra Woods begründeten. Es gibt zwei Varietäten: einen Nackthund, der nur Haare auf dem Kopf hat, und einen Hund mit schleierartigem langem und seidigem Haarkleid.

Widerristhöhe: 28–33 cm
Gewicht: 3–6 kg
Lebenserwartung: 10–12 Jahre
Ursprung: China und Afrika
Beschreibung: kleiner, schlanker Hund mit großen, aufrechten Ohren und langem Fang. Die Nackthaarvarietät hat nur ein Haarbüschel auf dem Kopf, an den Läufen und der Rute, die andere Varietät ein langes Haarkleid. Beide kommen in verschiedenen Farben vor. Die Haut des Nackthundes ist oft gesprenkelt.

AMERICAN HAIRLESS TERRIER

WIDERRISTHÖHE: 20–46 cm
GEWICHT: 3–8 kg
LEBENSERWARTUNG: 14–16 Jahre
URSPRUNG: USA
BESCHREIBUNG: mittelgroßer, muskulöser Terrier mit dreieckigen, im oberen Teil nach vorn fallenden Stehohren, der bis auf Augenbrauen und Wimpern unbehaart ist. Die Haut ist rosa mit schwarzen, braunen, roten oder grauen Abzeichen unterschiedlicher Größe.

1972 wurde in einem Rat-Terrier-Wurf eine vollständig nackte Hündin geboren, die in weiteren Würfen selbst drei nackte Welpen gebar. Aus diesen Hunden wurde der American Hairless Terrier als eigene Rasse weitergezüchtet. Die Welpen kommen mit einem schütteren Flaum auf die Welt, der in den folgenden sechs Wochen abgeworfen wird. Ein erwachsener Hairless Terrier ist bis auf Augenbrauen und Wimpern völlig unbehaart. Anders als einige andere Nackthund-Rassen weist diese keine genetischen Anomalien oder gesundheitlichen Probleme auf. Der Hairless Terrier ist ein anhängliches, intelligentes und lebhaftes Haustier. Er kann aber auch territorial und angriffslustig sein, vor allem bei Fremden. Bei heißem Wetter benötigt der Hund unbedingt Sonnenschutz.

MEXIKANISCHER NACKTHUND

Von dem auch als Xoloitzcuintle oder Tepeizeuintli bekannten Mexikanischen Nackthund gibt es drei, einzig in ihrer Größe unterschiedliche Varietäten: Standard, eine Zwischenvarietät und Miniatur. Etwa ein Drittel der Hunde jeder Varietät besitzt eine flaumartige Behaarung. Auch wenn diese Tiere bei Ausstellungen nicht zugelassen sind, sind sie doch für die Erhaltung der Rasse von Bedeutung. Die genauen Wurzeln dieses Nackthundes sind unklar, aber es ist eine sehr alte Rasse, die bereits den Azteken bekannt war und diesen als Begleithund, rituelle Opfergabe und Fleischlieferant diente. Im 19. Jahrhundert wurde er in den USA zu einem beliebten Haustier. In den 1950er-Jahren aber nahm der Bestand dramatisch ab. Ein neuerliches Interesse an dieser treuen und intelligenten Rasse konnte sie vor dem völligen Aussterben bewahren.

WIDERRISTHÖHE: 28–56 cm
GEWICHT: 4–14 kg
LEBENSERWARTUNG: 13–15 Jahre
URSPRUNG: Mexiko
BESCHREIBUNG: kleiner bis mittelgroßer, elegant gebauter Hund mit langer, sich zur Spitze hin verjüngender Rute, die mit einigen borstigen Haaren versehen ist. Die Haut kann schwarz, rötlich, grau oder bronze sein, gelegentlich mit rosa oder braunen Flecken. Tiere mit flaumartiger Behaarung kommen vor.

LHASA APSO

Der Lhasa Apso, ein enger Verwandter des größeren Tibet-Terriers und mitunter auch Tibetanischer Apso genannt, ist eine sehr alte Rasse, die, wie der Zweitname schon andeutet, aus Tibet stammt. Dort wurde sie als Löwenhund bezeichnet und in den Bergklöstern und Tempeln als Wachhund eingesetzt. Der Legende nach wurde Buddha von einer Schar Löwenhunde begleitet und beschützt, und die Tibeter glauben, dass der Lhasa Apso eine Seele hat. Außerhalb Tibets blieb der Hund über Jahrhunderte weitgehend unbekannt. Da er seinem Herrn aber Glück bringen soll, schenkte der Dalai Lama diesen Hund gelegentlich ausländischen Würdenträgern und machte ihn so einem größeren Publikum bekannt. Der Lhasa Apso kam in den 1920er- und 1930er-Jahren nach Europa und in die USA, wo sich der freundliche und ansprechende Hund zunehmender Beliebtheit erfreut.

WIDERRISTHÖHE: 25–28 cm
GEWICHT: 6–7 kg
LEBENSERWARTUNG: 15–16 Jahre
URSPRUNG: Tibet
BESCHREIBUNG: kleiner, aber robuster Hund mit mittellangem Fang, dunklerem Kinn- und Schnauzbart und sehr langem, bis auf den Boden reichendem Haarkleid, das golden, creme, honigfarben, grau, braun und schwarz-weiß sein kann. Die Ohren sind stark befedert. Die Rute wird über dem Rücken getragen.

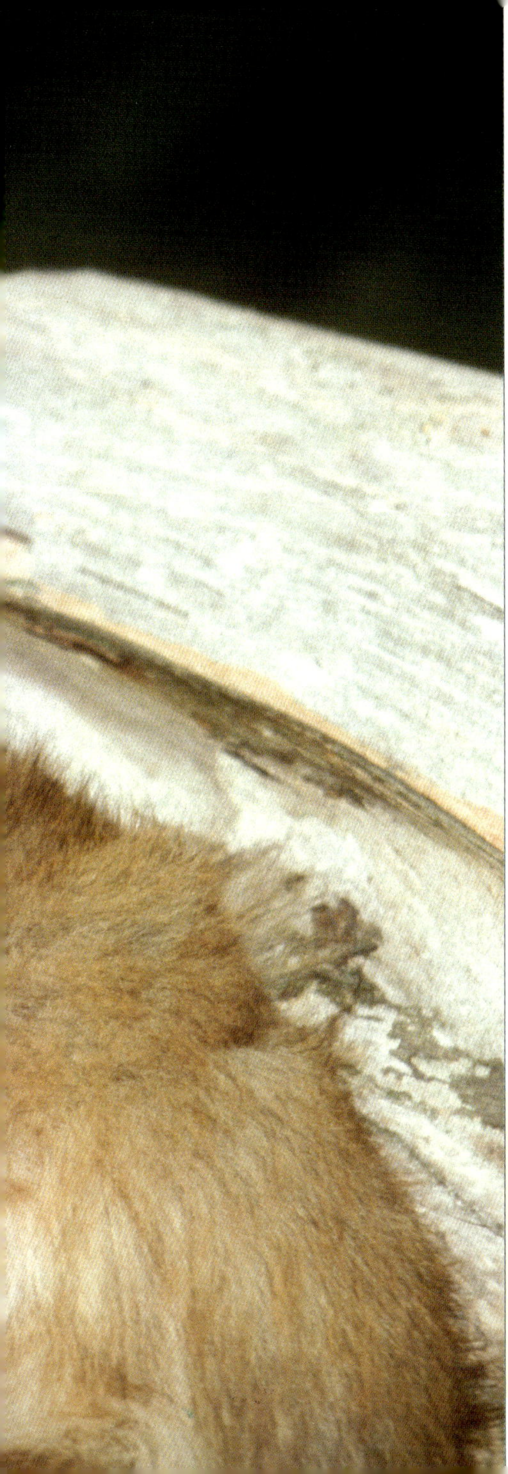

SHIH TZU

Der Shih Tzu sieht dem Pekinesen und dem tibetanischen Lhasa Apso ähnlich. Man geht davon aus, dass es sich um eine Kreuzung aus diesen Rassen handelt, die beide häufig als Geschenke zwischen dem Kaiser von China und dem Dalai Lama ausgetauscht wurden und auch als Löwenhunde bekannt sind – in Anspielung auf das mythische chinesische Fabelwesen, halb Löwe, halb Hund. Der Löwe wird im Buddhismus sehr verehrt, und diese kleinen Hunde galten als geheiligte Klosterwächter und Begleithunde am Hof des Kaisers von China. Wie für den Lhasa Apso galt auch für den Shih Tzu ein Verkaufsverbot, und da Ausländer in China lange Zeit nicht willkommen waren, blieb die Rasse im Westen über Jahrhunderte unbekannt. Erst in den 1930er-Jahren gelangte sie nach Europa. Seit dieser Zeit hat der lebhafte, intelligente und attraktive Shih Tzu als Begleit- und Ausstellungshund viele Anhänger gefunden.

Widerristhöhe: 20–28 cm
Gewicht: 4–7 kg
Lebenserwartung: 14–16 Jahre
Ursprung: China
Beschreibung: kleiner, aber robuster Hund mit kurzem Fang, üppigem Kinn- und Schnauzbart sowie kleinen Behängen. Die Rute wird gerollt über dem Rücken getragen. Das lange und dichte Haarkleid kann alle Farben haben und auch mehrfarbig sein.

TIBET-SPANIEL

WIDERRISTHÖHE: 23–25 cm
GEWICHT: 4–7 kg
LEBENSERWARTUNG: 13–15 Jahre
URSPRUNG: Tibet
BESCHREIBUNG: kleiner Hund mit länglichem Gebäude, relativ kleinem Kopf und stumpfem, mittellangem Fang. Die Behänge sind hoch angesetzt, und die befederte Rute wird über dem Rücken gerollt getragen. Das mittellange Haarkleid kann falbfarben, rot, schwarz, weiß oder schwarz und lohfarben sein.

Zwar ist der Tibet-Spaniel mit dem Japan-Chin verwandt, mit den viel bekannteren europäischen Spaniels haben diese Rassen allerdings keine engere Verbindung. Ihre Vorfahren teilen sie sich vielmehr mit Pekinese, Lhasa Apso oder Shih Tzu, und wie diese wird auch der Tibet-Spaniel gern als Löwenhund bezeichnet: ein in fernöstlichen Kulturen verehrtes Fabelwesen. Der Tibet-Spaniel war ein verbreiteter Hund in tibetanischen Klöstern, wo er als Wächter und zum Antreiben der Gebetsmühlen eingesetzt wurde. Diese Aufgabe brachte ihm auch den Beinamen „Prayer Dog" (prayer, engl.: Gebet) ein. Wie seine nahen Verwandten wurde auch der Tibet-Spaniel häufig zum Geschenk gemacht, vor allem chinesischen Würdenträgern. In den Westen gelangte er erst im späten 19. Jahrhundert und bis in die 1940er-Jahre in nur sehr geringer Zahl. Seitdem jedoch ist die lebhafte und anhängliche Rasse sowohl als Begleit- wie auch als Ausstellungshund sehr beliebt.

TIBET-TERRIER

Der Tibet-Terrier gleicht wie sein naher Verwandter, der Lhasa Apso, eher einer verkleinerten Ausgabe des Old English Sheepdogs als einem echten Terrier, und in der Tat wurde er ursprünglich zum Hüten und Treiben von Viehherden eingesetzt oder in Klöstern als Wach- und Begleithund gehalten. Er gilt als geheiligter Hund Tibets und als einer der Vorfahren des Lhasa Apsos, Tibet-Spaniels und Shih Tzus. Wie diese Rassen war er außerhalb seiner Heimat lange Zeit kaum bekannt. In den Westen gelangte er erstmalig in den 1920er-Jahren mit einer gewissen Mrs Greig, die für die Behandlung eines kranken Tibeters einen Tibet-Terrier erhalten hatte und später in England einen Zuchtzwinger gründete, um die Rasse bekannter zu machen. Der zähe, intelligente und anhängliche, aber Fremden gegenüber reservierte Terrier ist ein hervorragender Gefährte und Wachhund, der auch bei Agility- und Obedience-Wettbewerben eine gute Figur macht.

Widerristhöhe: 36–43 cm
Gewicht: 8–14 kg
Lebenserwartung: 12–14 Jahre
Ursprung: Tibet
Beschreibung: mittelgroßer, muskulöser Hund mit langem, üppigem Haarkleid, das glatt oder gewellt sein kann und in vielen Farben und Farbkombinationen vorkommt. Die Rute wird über dem Rücken getragen und ist, ebenso wie die Behänge, gut befedert.

CHIHUAHUA

Der Chihuahua, der nach der mexikanischen Provinz benannt ist, aus der er stammt, gehört zu den ältesten amerikanischen Rassen und ist gleichzeitig die kleinste Rasse der Welt. Seine Vorfahren gehen auf eine alte Rasse zurück, die bei den Maya als Techichi bekannt war und deren Nachkommen später mit Nackthunden mexikanischen oder chinesischen Ursprungs oder mit anderen kleinen Hunden aus Mittel- und Südamerika gekreuzt wurden. Chihuahuas kommen als lang- oder kurzhaarige Varietät vor. Möglicherweise wurde Erstere nach und nach durch die weitere Einkreuzung von Pomeranian, Papillon und Yorkshire Terrier entwickelt. Der Chihuahua ist ein intelligentes, anhängliches und treues Tier, verhält sich im Allgemeinen aber aggressiv gegenüber anderen Hunden, kann nach Fremden schnappen und ist aufgrund seiner Größe sehr verletzungsanfällig und temperaturempfindlich. Ein gesundes Tier kann aber ein relativ hohes Alter erreichen.

WIDERRISTHÖHE: 15–23 cm
GEWICHT: 1–3 kg
LEBENSERWARTUNG: 13–15 Jahre
URSPRUNG: Mexiko
BESCHREIBUNG: sehr kleiner Hund mit rundem Schädel und kurzem, aber spitzem Fang. Augen und Ohren sind groß. Die Rute ist relativ lang und wird oft gerollt über dem Rücken getragen. Das Haarkleid kann kurz oder lang sein und ist sandfarben, falbfarben, kastanienbraun, graublau oder schwarz und lohfarben.

CAVALIER KING CHARLES SPANIEL

WIDERRISTHÖHE: 30–33 cm
GEWICHT: 5–8 kg
LEBENSERWARTUNG: 12–14 Jahre
URSPRUNG: Großbritannien
BESCHREIBUNG: kleiner Spaniel mit langem Haarkleid, flachem Schädel und sich verjüngendem Fang. Die langen Behänge und die Rute sind stark befedert. Das Fell kann die Farben Rubinrot, Schwarz und Loh, Blenheim (s. o.) oder Trikolor haben.

Gesellschaftsspaniels waren besonders vom 16. bis 18. Jahrhundert am englischen Hof beliebt. Benannt wurden sie nach König Karl II. aus dem Hause Stuart. Im 18. und 19. Jahrhundert wurde nach der Herauszüchtung einer perlweißen Varietät mit kastanienroten Abzeichen (Blenheim-Farbe) mit der Standardisierung der Rasse begonnen, die eher flachgesichtige Hunde mit gewölbtem Schädel bevorzugte, die wir heute als King Charles Spaniels kennen. Als Reaktion darauf versuchten einige Züchter, wieder zu einem größeren Hund mit längerem Fang und flacherem Schädel zurückzukehren, den man äußerlich näher am ursprünglichen Typ glaubte, so wie er auf Gemälden unter anderem von Tizian, van Dyck, Stubbs, Reynolds und Gainsborough zu sehen ist. Diese Rückzüchtung war ein langwieriger Prozess, aber seit den 1940er-Jahren werden die beiden Spaniels als eigenständige Rassen anerkannt, und die jüngere erhielt den Zusatz „Cavalier“.

JAPAN-CHIN

Mit seinem üppigen, seidigen Haarkleid, der befederten Rute und dem flachen Gesicht erinnert der Chin stark an den Pekinesen. Doch ist er hochläufiger und schlanker gebaut, mit spanielartigerem Aussehen. Aus diesem Grund wird er gelegentlich auch als Japan-Spaniel bezeichnet, ungeachtet dessen, dass die frühe Form eigentlich aus Korea stammt. Der Chin ist in erster Linie ein Gesellschaftshund und wurde als Schoßhund für die japanische Aristokratie gezüchtet. Er gehörte zu den Lieblingstieren am kaiserlichen Hof, bevor er um das Jahr 1700 in den Westen gelangte. Auch beim europäischen Hochadel erfreute er sich größter Beliebtheit; so bekam die englische Königin Victoria 1853 zwei Japan-Chins als Geschenk überreicht. Das anhängliche und liebevolle Tier ist sehr verspielt, leicht zu erziehen und lässt sich gern und schnell Kunststückchen beibringen.

WIDERRISTHÖHE: 18–28 cm
GEWICHT: 2–3 kg
LEBENSERWARTUNG: 8–10 Jahre
URSPRUNG: Japan
BESCHREIBUNG: leicht gebauter Hund mit breitem Gesicht, großen Augen und nach oben gerichtetem Fang. Das Haarkleid ist stark befedert mit einem mähnenartigen Kragen, langen Haaren an den Behängen und üppig behaarter Rute, die über dem Rücken gerollt getragen wird. Das Fell ist weiß mit schwarzen oder roten Abzeichen.

PEKINESE

Der Pekinese, eine alte Rasse, die aus dem imperialen China stammt, gilt als einer der Löwenhunde, die einst im Fernen Osten als geheiligt galten. Über Jahrhunderte war ihr Besitz nur der kaiserlichen Familie und Höflingen erlaubt. So konnte diese Rasse der Außenwelt weitgehend unbekannt bleiben. Einige Exemplare tauchten im 17. Jahrhundert in Europa auf, doch erst nach 1860, als britische und französische Truppen den kaiserlichen Sommerpalast stürmten, wurden einige Tiere aus dem Gründungsschlag der Rasse, wie wir sie heute kennen, gestohlen und nach Großbritannien gebracht. Königin Victoria erhielt einen dieser Hunde als Geschenk und nannte ihn treffend Looty (von loot, engl.: Raubgut, Beute). Der Pekinese wurde zum ersten Mal in England im Jahre 1893 ausgestellt und fünf Jahre später vom British Kennel Club anerkannt. Seitdem ist diese aparte und liebenswerte Rasse als Gesellschafts- und Ausstellungshund auf der ganzen Welt beliebt.

WIDERRISTHÖHE: 15–23 cm
GEWICHT: 3–6 kg
LEBENSERWARTUNG: 12–14 Jahre
URSPRUNG: China
BESCHREIBUNG: kleiner, niederläufiger Hund mit mopsähnlichem Gesicht, langen, gut befederten Behängen und einer hoch angesetzten, üppig behaarten Rute, die gerollt über dem Rücken zu einer Seite hin getragen wird. Das dichte und lange Haarkleid kommt in einer großen Farbpalette vor.

FRANZÖSISCHE BULLDOGGE

WIDERRISTHÖHE: 28–33 cm
GEWICHT: 10–13 kg
LEBENSERWARTUNG: 10–12 Jahre
URSPRUNG: Frankreich
BESCHREIBUNG: kleiner, kompakter Bulldog mit aufrechten, fledermausartigen Ohren. Das Gesicht ist mopsähnlich mit vorstehendem Unterkiefer. Die Knick- oder Knotenrute ist von Natur aus kurz. Das kurze, weiche Haarkleid ist falbfarben, auch gestromt, mit geringer bis ausgeprägter weißer Scheckung.

Mitte des 19. Jahrhunderts kamen englische Zwerg- oder Toy Bulldogs als Begleit- oder Schoßhunde in Mode, besonders unter den Arbeiterinnen in den Spitzenklöppeleien. Als viele britische Arbeiter nach Frankreich gingen, um besser bezahlte Arbeit zu finden, nahmen sie ihre Hunde mit, die dort mit französischen Terriern gekreuzt wurden. Heraus kam die Französische Bulldogge. Wie ihr größerer britischer Verwandter ist die Französische Bulldogge ein kompakter und muskulöser Hund mit einem großen quadratischen Kopf und aufrechten, fledermausartigen Ohren. Obgleich die Bulldogge manchmal etwas eigensinnig sein kann, ist sie eigentlich ein anhänglicher und verspielter Hund, der sich sehr gern in menschlicher Gesellschaft aufhält. Wie andere Bulldog-Rassen ist auch die Französische Bulldogge anfällig für Atemprobleme, besonders bei Hitze.

MOPS (PUG)

Der Mops oder Pug ist ein kleiner Hund chinesischen Ursprungs, der vermutlich im 16. Jahrhundert mit portugiesischen Händlern nach Europa kam. Besonders beliebt war er in den Niederlanden, wo er als offizieller Hund des Hauses Oranien Anerkennung fand, bevor er auch an anderen europäischen Höfen zu einem modischen Gefährten wurde. Berühmte Mops-Besitzer waren unter anderem der französische König Heinrich II., die erste Gemahlin Napoleons, Josephine, Marie Antoinette, der englische König Wilhelm III. und Queen Mary. Den Höhepunkt seiner Beliebtheit erreichte das Tier in der zweiten Hälfte des 19. Jahrhunderts, wo er in allen sozialen Schichten ein Zuhause fand. Der treue und verspielte Mops ist auch heute noch ein beliebter Begleiter, der sehr gelehrig ist und sich gern Kunststückchen beibringen lässt.

WIDERRISTHÖHE: 25–30 cm
GEWICHT: 6–9 kg
LEBENSERWARTUNG: 12–14 Jahre
URSPRUNG: China
BESCHREIBUNG: kompakter Hund mit kurzem, flachem Fang und leicht vorstehenden Augen. Die Rute wird in der Regel eng aufgerollt getragen. Das Haarkleid ist silberfarben, schwarz, apricot oder hellfalbfarben mit schwarzer Maske.

BOSTON TERRIER

Häufig gilt der Boston Terrier als Nationalrasse der USA. Er ist nach der Stadt benannt, in der er 1865 aus einer Kreuzung zwischen dem heute ausgestorbenen English White Terrier und dem English Bulldog herausgezüchtet wurde. Die Rasse ist mitunter auch als Boston Bull bekannt und wurde ursprünglich als Kampfhund gezüchtet. Nach dem gesetzlichen Verbot von Hundekämpfen wurde der Hund sukzessive kleiner und weniger aggressiv gezüchtet und gewann als Rattenjäger und Begleithund an Bedeutung. Das intelligente, anhängliche und leicht erziehbare Tier ist auch heute noch ein beliebter Familienhund, vor allem in Amerika. Der Boston Terrier ist in der Regel pflegeleicht und langlebig, doch kann er bei sehr heißem oder kaltem Wetter sowie bei Überanstrengung Atemprobleme haben. Außerdem neigt er zum Schnarchen und Geifern. Auch Geburten können bei dieser Rasse kompliziert sein, da wegen des breiten Kopfs der Welpen häufig ein Kaiserschnitt notwendig wird.

Widerristhöhe: 38–43 cm
Gewicht: 5–11 kg
Lebenserwartung: 12–14 Jahre
Ursprung: USA
Beschreibung: kleiner, kompakter, aber muskulöser Terrier mit markantem kurzem und quadratischem Fang, kurzer Rute, aufrechten Ohren und vorstehenden Augen. Das kurze Haarkleid kann gestromt, schwarz oder schwarz mit rötlichem Schimmer sein, jeweils mit weißer Zeichnung.

REGISTER

Affenpinscher 178
Afghanischer Windhund 157
Airedale Terrier 191
Akita 103
Alaskan Malamute 89
American Bulldog 70
American Cocker Spaniel 121
American Foxhound 149
American Hairless Terrier 236
Amerikanischer Eskimohund 93
Anatolischer Hirtenhund 77
Australian Cattle Dog 32
Australian Silky Terrier 217
Australian Terrier 206
Australischer Schäferhund 43
Barsoi 158
Basenji 170
Basset Hound 153
Beagle 155
Bearded Collie 49
Beauceron 55
Bedlington Terrier 198
Belgischer Schäferhund 38–42
Bergamasker 53
Berner Sennenhund 83
Bernhardiner 85
Bichon frisé 225
Bloodhound 145
Bluthund 145
Bologneser 226
Bordeauxdogge 67
Border Collie 48
Border Terrier 201
Boston Terrier 253
Bouvier des Flandres 31
Boxer 71
Briard 51
Bulldog 68, 70
Bulldogge, Französische 250
Bullmastiff 59
Bull Terrier, English 187
Cairn Terrier 209
Canaan Dog 165
Cardigan Welsh Corgi 34
Catahoula Leopard Dog 151
Cattle Dog, Australian 32
Cavalier King Charles Spaniel 246
Chesapeake Bay Retriever 135
Chihuahua 245
Chinesischer Schopfhund 235
Chow-Chow 101
Clumber 127
Cockerspaniel 121, 122
Collie 45, 48, 49
Coton de Tuléar 227
Curly-coated Retriever 139
Dachshund 156
Dackel 156
Dalmatiner 143
Dandie Dinmont Terrier 211
Deerhound, Scottish 161
Deutsch-Drahthaar 109
Deutsche Dogge 63
Deutscher Pinscher 179
Deutscher Schäferhund 37
Deutscher Spitz 100
Deutsch-Kurzhaar 107
Dobermann 65
Dogge, Deutsche 63
Do Khyi 88
Elchhund, Norwegischer 94
English Bulldog 68
English Bull Terrier 187
English Cocker Spaniel 122
English Foxhound 147
English Pointer 119
English Setter 114
English Springer Spaniel 125
Epagneul Breton Spaniel 113
Eskimohund 92, 93
Field Spaniel 123
Fila Brasileiro 62
Finnenspitz 95
Flat-coated Retriever 134
Foxhound 147, 149
Foxterrier 197
Französische Bulldogge 250
Glen of Imaal Terrier 202
Golden Retriever 133
Gordon Setter 115
Greyhound 169
Griffon 234
Groenendael 38
Großer Münsterländer 111
Großer Schweizer Sennenhund 81
Harrier 152
Heeler, Lancashire 33
Hirtenhund, Anatolischer 77
Husky, Siberian 91

Irischer Wolfshund 163
Irish Setter 117
Irish Terrier 199
Irish Water Spaniel 128
Italienisches Windspiel 174
Jack Russell Terrier, Parson 205
Japan-Chin 247
Japan-Spitz 102
Kanadischer Eskimohund 92
Keeshond 223
Kerry Blue Terrier 193
Komondor 76
Kuvasz 79
Labrador Retriever 137
Laekenois 39
Lakeland Terrier 194
Lancashire Heeler 33
Lapphund, Schwedischer 97
Lhasa Apso 239
Löwchen 230
Lundehund, Norwegischer 99
Lurcher 164
Malamute, Alaskan 89
Malinois 41
Malteser 229
Manchester Terrier 203
Mastiff 58
Mastino Napoletano 61
Mexikanischer Nackthund 237
Mittelspitz 100
Münsterländer, Großer 111
Nackthund, Mexikanischer 237
Neufundländer 87
Norfolk Terrier 207
Norwegischer Elchhund 94
Norwegischer Lundehund 99
Norwich Terrier 210
Nova Scotia Duck-Tolling Retriever 140
Old English Sheepdog 50
Otter Hound 146
Otterhund 146
Parson Jack Russell Terrier 205
Patterdale Terrier 189
Pekinese 249
Pembroke Welsh Corgi 35
Pharaonenhund 171
Pinscher 178–181
Pit Bull Terrier, American 185
Podenco Ibiceno 167
Pointer, English 119
Pomeranian 224
Portugiesischer Wasserhund 129
Pudel 131, 231, 233
Pug 251
Puli 54
Pyrenäen-Berghund 82
Rat Terrier 216
Retriever 133–140
Rhodesian Ridgeback 141
Ridgeback, Rhodesian 141
Riesenschnauzer 29
Rottweiler 66
Rough Collie 45
Saluki 159
Samoyede 98
Schäferhund 37–43
Schnauzer 29, 182, 183
Schopfhund, Chinesischer 235
Schwedischer Lapphund 97
Scottish Deerhound 161
Scottish Terrier 215
Sennenhund 81, 83
Setter 114–117
Shar Pei 75
Sheepdog 47, 50
Shetland Sheepdog 47
Shih Tzu 241
Siberian Husky 91
Silky Terrier, Australian 217
Sloughi 175
Soft-coated Wheaten Terrier 192
Spaniel 113, 121–128, 242, 246
Spitz 95, 100, 102, 223, 224
Staffordshire Bull Terrier 188
St. Bernhardshund 85
Terrier 185–219, 236, 243, 253
Tervuren 42
Tibet-Spaniel 242
Tibet-Terrier 243
Tosa Inu 73
Toy Pudel 231
Wasserhund, Portugiesischer 129
Weimaraner 110
Welsh Corgi 34, 35
Welsh Springer Spaniel 126
Welsh Terrier 195
West Highland White Terrier 213
Whippet 173
Windhund, Afghanischer 157
Windspiel, Italienisches 174
Wolfshund, Irischer 163
Wolfspitz 223
Yorkshire Terrier 219
Zwergpinscher 181
Zwergpudel 233
Zwergschnauzer 183
Zwergspitz 224

BILDNACHWEIS UND DANKSAGUNG

Der Herausgeber dankt der Photolibrary.com und Ardea.com sowie folgenden Institutionen und Fotografen für die erteilte Reproduktionsgenehmigung:

Ausloos, Henry 5, 9, 26, 39, 40, 138, 158, 207, 227 Bender, Richard 50 Bender, Rolf 180 Bph, Fotographie 59 Brinkmann, Bernd 3, 7, 10, 115, 120, 122, 206, 252 Carey, Alan & Sandy 36, 58, 80, 204 Conte, Margot 56, 83 Daniels, John 6, 22, 33, 38, 52, 77, 78, 82, 88, 96, 99, 100, 102, 123, 140, 146, 152, 159, 164, 165, 176, 178, 184, 186, 189, 194, 195, 198, 202, 203, 231, 234, 235, 246, 250 De Meester, Johan 179, 188, 228 Enger, Don 104, 114 Ertiet, Cheryl A/OKAPIA 135, 200 Ferrero, J. P. 55, 175, 193, 199 Gardiner, Pammy 134, 248 Hamblin, Mark 15, 20, 24, 48, 116, 117, 136, 212 Harrison, Jeannie 74 Klein, J. L. & Hubert, M. L. 14, 32, 46, 49, 51, 71, 101, 156, 188, 208, 225, 226, 220, 244 Kolar, Richard/AA 132 Labat, J.-M. 110 Leszczynski, Zig/AA 63, 64, 90, 183, 251 Lockwood, C. C. 236 Marchington, James 147 Mauritus die Bildagentur GmbH 34, 174, 211 Meier, Bruno 196 O' Dell, Lynn 150 Okapia 243 Osf 28 Pearcy, Eunice 62, 111, 168, 214, 216, 230, 247 Pearcy, Robert 35, 66, 70, 76, 93, 98, 103, 129, 142, 144, 148, 151, 153, 190, 224, 240, 237 Reed, Michael & Barbara/AA 17, 218 Reinhard, Hans 30, 54, 171 Reinhold, Ralph 8, 44, 67, 84, 106, 108, 112, 128, 130, 157, 160, 162, 166, 170, 172, 176, 182, 222, 232 Rosing, Norbert 92 Smith, Nigel/AA 43 Steuwer, Sabine 126 Thompson, Sydney 127 Tipling, David 18, 124 Tull, Philip 154 Valla, Daniel/SAL 86 Vock, KG 60 Von Hoffman, Barbara 192, 210, 217, 238 Weinmann, Peter 42, 141 Wothe, Konrad 89 Wright, Barbara 68 Yann Arthus Bertrand 72

Umschlagvorderseite: Mark Hamblin
Umschlagrückseite: Bernd Brinkmann
Hintere Klappe: Ian West